Fédération Francophone
de Coachs Professionnels

Agir en coach

Les bonnes pratiques
d'un coaching professionnel

Issy-les-Moulineaux
esf EDITEUR

Division de Reed Business Information
2, rue Maurice-Hartmann
92133 Issy-les-Moulineaux cedex
www.esf-editeur.fr

ISBN 978-2-7101-1860-2

ISSN 0768-2026

Comment tirer le meilleur parti de cet ouvrage ?

Cet ouvrage a pour vocation de vous accompagner dans votre développement personnel et professionnel.

Pour remplir au mieux ces missions, il est constitué de 3 parties :

1 - La première partie, « **Comprendre les enjeux** », vous apporte les éclairages indispensables pour :

✓ acquérir une vue d'ensemble de la thématique ;

✓ maîtriser la méthodologie ;

✓ et découvrir les outils appropriés.

2 - La deuxième partie, « **Mettre en pratique** », vous permet de vous entraîner, et grâce aux exercices proposés, d'approfondir et d'assimiler la thématique développée tout au long de l'ouvrage. Les corrigés, quant à eux, permettent de faire le point sur la progression engagée et d'entamer un travail de réflexion personnel.

3 - La dernière partie, « **Pour aller plus loin** », vous propose :

✓ un programme de session de formation pour les professionnels qui souhaiteraient monter un stage de formation ;

✓ une bibliographie ;

✓ des annexes et adresses.

Pour profiter au mieux des ressources de cet ouvrage, l'auteur a conçu un **plan d'autoformation** personnalisé qui vous conduira, étape par étape, à la maîtrise du sujet traité. Ce plan d'autoformation se trouve page suivante.

✓ Bien entendu, vous pouvez également choisir de découvrir cet ouvrage de façon habituelle, en vous appuyant sur la table des matières que vous trouverez en page 7.

Nous espérons que cet ouvrage vous rendra les meilleurs services dans vos activités professionnelles et personnelles. N'hésitez pas à nous écrire pour nous faire part de vos remarques, critiques et suggestions :

ESF éditeur - Service Lecteurs
2, rue Maurice-Hartmann
92133 Issy-les-Moulineaux cedex

Et retrouvez tous les ouvrages de la collection « Formation permanente » sur www.esf-editeur.fr

Plan d'autoformation

Pour profiter pleinement de cet ouvrage, les auteurs ont réalisé pour vous un parcours d'autoformation qui favorise l'assimilation des concepts développés et la mise en pratique dans votre quotidien.

1 Lisez le chapitre 1 (p. 13 à 27) pour identifier les origines du coaching.

2 Lisez le chapitre 2, section 1 « Un apprenti sorcier ? » (p. 29 à 48). Prendre en compte les savoirs, savoir-être et savoir-faire du coach professionnel.

3 Faites les exercices 1 (p. 139), 2 (p. 140), 3 (p. 141), 4 (p. 142), 5 (p. 143) et 6 (p. 144).

4 Lisez le chapitre 2, section 2 (p. 47 à 71) sur la responsabilité en coaching pour comprendre ce que cela recouvre d'être un acteur responsable.

5 Faites l'exercice 7 (p. 145).

6 Lisez le chapitre 2, section 3 (p. 70 à 88) sur la mesure des résultats du coaching.

7 Faites l'exercice 8 (p. 146).

8 Faites l'exercice 9 (p. 147).

9 Lisez le chapitre 3, section 1 « Les illusions dans les relation de coaching » (p. 89 à 109).

10 Lisez le chapitre 3, section 2 « Formatage et manipulation » (p. 89 à 118).

11 Faites l'exercice 10 (p. 149).

12 Lisez le chapitre 3, section 3 « Peut-on s'autoproclamer coach ? » (p. 118 à 124).

13 Faites l'exercice 11 (p. 150).

14 Lisez chapitre 3, section 4 « Protection et cadre juridique » (p. 124 à 136).

15 Faites l'exercice 12 (p. 151).

Préface

Ce livre est né d'une rencontre, d'une volonté farouche de professionnaliser un métier émergeant et malmené, et d'une formidable cohésion au sein de notre Fédération.

Cette rencontre a eu lieu dans une bibliothèque. Après deux heures de conversation à bâtons rompus, l'écriture d'un livre à « plusieurs mains de coachs » était à l'évidence une réponse pour parler du métier du coach et de la façon dont les professionnels de la Fédération entendent le positionner dans l'intérêt des pratiquants et de leurs clients.

C'est avec enthousiasme que les adhérents de la Fédération ont accueilli ce projet et que nombre d'entre eux ont proposé d'y participer. Il nous a semblé que l'écriture à plusieurs mains anonymes donnait aussi à chacun des écrivains plus de liberté pour exprimer leur point de vue dans la mesure où nous n'avons pas cherché à faire un ouvrage qui soit à la mode ou qui fasse notre promotion. Il nous a confirmé que nos valeurs de Partage, Professionnalisme et Respect étaient partagées.

Nous avons rapidement mis en place un comité de pilotage et nous nous sommes mis au travail. La rencontre avec un chercheur en sciences humaines fut un formidable révélateur et une aide précieuse lors de ce travail.

Ce livre s'adresse particulièrement aux personnes qui désirent comprendre en quoi consiste le métier de coach professionnel, ce qu'elles peuvent en attendre, comment choisir son coach, quels pièges éviter. Il nous a semblé que la forme d'un ouvrage didactique permettrait aux auteurs de mieux faire passer leur message et au lecteur de vérifier, grâce à des exercices, son niveau de maîtrise du thème étudié.

L'écriture à « plusieurs mains » nous apportait la richesse des propos et permettait également d'aborder certains aspects de notre métier sous plusieurs angles. Nous avons choisi cette approche pour deux raisons qui nous ont semblé fondées et pertinentes.

Tout d'abord, ce livre est un ouvrage à thèmes (cf. table des matières) que l'on peut consulter au gré de ses recherches. Ensuite, même si certains thèmes ou sujets se retrouvent dans plusieurs chapitres, la diversité des points de vue et la façon dont ces thèmes sont traités leur donnent plus de force.

Avant de vous laisser le découvrir, j'aimerais vous préciser que nous n'avons pas la prétention d'avoir tout dit ni de l'avoir bien dit. Ce sont nos convictions sur notre métier, la manière dont nous nous définissons et notre volonté de cadrer une pratique. Bien du chemin reste encore à parcourir, bien des choses à découvrir et à écrire sur ce métier naissant...

Cet ouvrage va répondre – nous l'espérons – à de multiples questions, mais il reste encore bien des zones à explorer. Notre Fédération poursuit sans relâche les réflexions afin de contribuer à professionnaliser ce métier et à en délimiter les contours. Ceci nous a aussi amenés à changer de nom et ajouter les mots « coachs professionnels » à la place de « coaching », et à développer une certification indépendante de compétences professionnelles avec AFAQ/AFNOR.

Je remercie chaleureusement les adhérents de la Fédération qui nous ont fait confiance et ceux qui ont donné leur temps sans compter. Plus particulièrement, Sylvie Baille, Paule Boffa-Comby, Jean-Claude Chalançon, Fabien Deloche, François Longchamp, Robert Massol, Jean Pagés, Véronique Winum. Sans eux, ce projet n'aurait jamais vu le jour.

Je remercie également l'éditeur et l'équipe de la collection pour leur confiance et leur aide précieuse dans la logistique du projet.

Anne Beauvillard,
Vice-présidente de la FFCPro

Table des matières

Première partie

COMPRENDRE LES ENJEUX

Introduction

Au cours des années qui inaugurèrent le siècle, il arriva qu'une compagnie d'assurances propose à la radio de « coacher » votre contrat d'assurance sur la vie. Le lendemain, un fabricant de montres réputé voulait à son tour « coacher » votre chronomètre. Tout cela, gratuitement. Peu de temps après, on pouvait trouver dans la presse des propositions de formation au métier de coach en quelques jours, avec certification et diplôme à la clé. Puis la télévision s'en mêla, entreprit au cours de plusieurs émissions de poser les « bonnes questions » sur le coaching, puis de railler quelques intervenants qui le méritaient bien, sans parler de certaines allusions perfides concernant les relations éventuelles de certains « coachs » avec les sectes...

Devant tant de hargne à détruire une profession naissante avant même qu'elle soit véritablement identifiée et connue, les gens de métier décidèrent de réagir. C'est une des raisons de ce livre. Mais ce n'est pas la seule. C'était aussi l'occasion de faire un bilan de l'activité des coachs professionnels, de définir les limites de leurs interventions, d'expliquer ce qu'ils sont et ce qu'ils ne sont pas, de parler déontologie et « Miviludes[1] », en un mot de séparer le bon grain de l'ivraie.

Vous allez donc trouver dans cet ouvrage les éléments qui permettent de comprendre les sources du coaching, les écoles et les courants de pensée dont il est redevable, les outils nouveaux qu'il met à la disposition du monde de l'entreprise et des individus. Vous saurez ce qui caractérise un « vrai » coach et à quoi on le reconnaît. Vous découvrirez la rigueur dont cette profession s'est elle-même entourée pour veiller à la sécurité de ses clients et s'assurer de la respectabilité qui lui est nécessaire pour exister.

1. Miviludes (mission interministérielle de vigilance et de lutte contre les dérives sectaires) : organisme d'État consacré à l'étude et à la surveillance des mouvements sectaires.

Ce livre doit également permettre aux responsables de relations humaines, aux managers, aux futurs coachs, au public enfin, de mieux comprendre les bénéfices qu'on peut attendre de cette profession et de prendre ainsi des décisions en connaissance de cause. Sans avoir la prétention d'être exhaustif, *Agir en coach* répond à la plupart des questions que peuvent se poser les entreprises, les particuliers et les futurs intervenants quant aux tenants et aboutissants du métier de coach professionnel.

Comme la préface le laisse entendre, *Agir en coach* ne se lit pas forcément comme un roman. La structure de l'ouvrage permet en effet d'accéder immédiatement aux aspects qui posent question à tel ou tel lecteur. Il suffit pour cela de consulter la table des matières.

Enfin, les dernières parties du livre sont consacrées à des exemples et des exercices permettant d'illustrer en pratique le coaching de façon pragmatique et de lever le rideau sur l'avenir de ce métier pour ceux qui souhaitent aller plus loin et s'en servir davantage.

Bonne lecture !

1

CHAPITRE

À l'ère du coaching

Émissions de télévision, articles dans la presse, débats passionnés : manifestement, le coaching est à la mode... Ceci peut suffire aux yeux de certains pour le discréditer et y voir un phénomène superficiel, dont on se dit qu'il passera comme bien d'autres modes qui apportent d'éphémères satisfactions... Pour d'autres, il constitue un excellent support de communication : on peut ainsi coacher quelqu'un pour sa consommation d'énergie, l'utilisation de son téléphone portable ou pour changer son... « look » !

Pourtant, plus qu'une mode, le coaching est surtout un mode de relation à l'autre, une forme de l'accompagnement professionnel ou personnel, un mode de management de soi, un mode de développement de la personne. Il n'est le fruit ni du hasard ni de la volonté de quelques-uns, car la question de la relation d'accompagnement, dans les contextes personnels comme professionnels, n'est ni artificielle ni nouvelle !

Alors, en quoi le coaching constitue-t-il un apport nouveau ? Parce qu'il offre une approche originale, mais parce qu'il prend appui sur une histoire... le coaching connaît un fort succès parce qu'il répond à des besoins actuels.

1. Avant les coachs

Accompagner l'autre, c'est lui permettre de faire les apprentissages personnels ou professionnels qui vont servir ses objectifs... Comment cette démarche s'est-elle mise en œuvre au fil de l'histoire ? Quelles en sont les différentes figures clés ?

1.1 Les maîtres et la relation d'accompagnement

On peut considérer la relation « de maître à élève » comme une relation d'accompagnement : **l'accent porte sur les contenus à transmettre, le savoir à assimiler**. L'élève doit être capable de restituer ses connaissances acquises ou de reproduire le savoir-faire du maître. Ainsi, au début du XVIIe siècle, un élève de l'atelier de Rubens, par exemple, pouvait-il peindre une toile qui était en tous points comparable à celle du maître. Dans ce cas de figure, la relation est vue comme un moyen de transmettre et de faire évoluer la connaissance ; elle entre dans le domaine de l'apprentissage et de la pédagogie.

1.2 Socrate et la maïeutique

Une tout autre approche est celle de Socrate (certains coachs s'en réclament). **Il s'agit non pas de transmettre un contenu mais de faire « accoucher » l'autre de la vérité. Socrate, mis en écriture par Platon, pose comme postulat de base le fait de ne rien savoir et de ne rien enseigner**. Il déroule une « maïeutique » se référant explicitement à l'art des sages-femmes, ses questions étant censées amener le « disciple » à prendre conscience de la vérité.

Mais dans la pratique, le maître est très contraignant par son « guidage » et le disciple n'a d'autres recours que de répondre par oui ou par non.

> *Nul savoir*
>
> « Ce qu'il y a dans mon art à moi de plus important, c'est d'être capable de faire sur la pensée d'un jeune homme, de toutes les manières possibles, l'épreuve de ce qu'elle enfante et de voir si c'est un simulacre et une illusion, ou quelque chose de viable et de vrai (...). Chez moi, il n'y a point d'enfantement de savoir, et le reproche que précisément m'ont déjà fait bien des gens, de poser des questions aux autres et de ne rien produire moi-même sur aucun sujet faute de posséder aucun savoir, est un reproche bien fondé. »
>
> Platon, *Théétète* (150c).

1.3 Carl Rogers et la relation d'aide

Carl Rogers, quant à lui, a développé au milieu du XXe siècle **une approche non directive** : aider l'autre à inventer sa propre voie en mobilisant des ressources dont il n'avait pas conscience. « L'aidant » est donc présent comme catalyseur, mais non comme guide ; il ne connaît pas son point d'arrivée. Son attitude est l'empathie, c'est-à-dire une considération positive inconditionnelle sans jugement de valeur. Son « outil » est l'écoute active.

Si cette relation se développe avant tout dans le champ thérapeutique interindividuel, elle a également inspiré certains managers et bien sûr les coachs, adeptes de l'écoute active.

> *Par l'écoute active*
>
> « Les réactions du client qui fait pour un temps l'expérience des relations thérapeutiques sont réciproques de celles du thérapeute. Tout d'abord, comme il trouve quelqu'un qui l'écoute et accepte ses sentiments, il devient peu à peu capable de s'écouter lui-même.
>
> (...) Au fur et à mesure qu'il s'ouvre plus à ce qui se passe en lui, il devient capable de prêter l'oreille à ses sentiments qu'il avait toujours niés et refoulés (...). Il en vient à mieux s'accepter... Et enfin en écoutant plus attentivement ses sentiments intérieurs, avec moins d'évaluation et plus d'acceptation envers lui-même, il évolue vers une plus grande congruence ».
>
> C. Rogers, *Le Développement de la personne, InterÉditions, 2005.*

1.4 L'École de Palo Alto et la relation interactive

Avec son modèle de la relation interactive, **l'école californienne de Palo Alto propose de s'aider soi-même en aidant l'autre**, quel que soit son état de développement (à l'exception des personnes atteintes de folie). L'humain n'est pas tant dans l'homme que dans ce que les hommes construisent entre eux, affirme Paul Watzlawick, un des principaux fondateurs de l'École de Palo Alto. L'accent est alors mis sur le processus, bien plus que sur les contenus, et sur les échanges réciproques.

Notons que cette approche systémique (c'est-à-dire qui considère que plusieurs personnes réunies constituent une entité différente de la simple juxtaposition de ses membres) de la relation s'est d'abord déployée en psychothérapie (thérapie brève, par opposition avec l'analyse, thérapie longue), puis dans tous les domaines de la communication, dont la relation de coaching qu'elle a nourrie[1].

> *Reconnaître sa réalité*
>
> « Nous dépendons entièrement de la reconnaissance de notre réalité par les autres, qui, eux-mêmes, exigent de nous que nous reconnaissions la leur. »
>
> P. Watzlawick, *Les Cheveux du baron de Münchhausen,* Le Seuil, Points essai, 2000.

1. Watzlawick Paul, *Une logique de la communication*, Le Seuil, Points d'essai, 2001.

1.5 Les approches psychanalytiques et psychologiques

Certains coachs empruntent aussi parfois, selon leurs références propres, à différentes théories de la personnalité : les approches psychanalytiques (**Freud, Jung, Reich…**) ou psychologiques (Carl Rogers ou Eric Berne, par exemple), des traits de personnalité mesurées par des questionnaires (MBTI, SOSIE, D5D, HBDI, 16 PF…).

Ils adoptent ainsi avant tout un regard sur eux-mêmes et se donnent quelques points de repère pour échanger avec les personnes accompagnées. Ainsi, Eric Berne, le père de l'analyse transactionnelle, construit un modèle avec lequel il formalise un certain nombre d'interactions relationnelles caractéristiques (parent/enfant/adulte), qu'il appelle « transactions ». Il le fait dans une perspective d'opérationnalité : aider l'autre à mieux comprendre ses comportements relationnels et à les faire évoluer vers une relation adulte/adulte.

> *Une question d'équilibre*
>
> « Les avantages du contact social tournent autour de l'équilibre somatique et psychique.
>
> (…]) L'expérience a montré qu'il est plus utile et plus instructif d'étudier les transactions sociales du point de vue des avantages obtenus que de considérer ces transactions comme des opérations défensives. »
>
> E. Berne, *Des jeux et des hommes*, Stock, 2001.

2. Un apport spécifique et « métissé »

Les approches que nous venons d'évoquer utilisent la relation comme moyen thérapeutique et/ou de développement de la personne. La notion de soin ou d'aide renvoie à une problématique de réparation : souffrance, problèmes de communication, maladie… Les effets indésirables issus du passé doivent être traités.

Apparaissent ainsi, aux côtés de spécialistes des contenus (les experts, les consultants, les formateurs…), des spécialistes de la relation et des processus (les psys, les coachs…).

Cependant, parmi ces derniers, les uns et les autres ne regardent pas du même côté. Les uns (psys) invitent leurs patients à explorer les profondeurs du passé pour dénouer les nœuds du présent. Les autres (coachs) encouragent leurs clients à analyser leur présent ou leur passé proche et à rechercher les ressources nécessaires pour faciliter la réalisation de leurs rêves.

Les objectifs du coach

Quelles que soient ses sources d'inspiration, il s'agit toujours pour le coach d'aider l'autre à :
- clarifier ses objectifs ;
- visiter ses ressources ;
- identifier ses stratégies de succès ;
- atteindre les résultats escomptés.

◆ **Point spécifique :** en coaching, c'est la personne coachée qui formule ses indicateurs de réussite. La relation coach/coaché prend la forme d'un contrat explicite. Le coach est le garant de la démarche et coresponsable avec le coaché de l'atteinte de l'objectif.

Empruntant aux différents modèles évoqués plus haut, l'apport spécifique de la relation de coaching peut être à la fois considéré comme :

– **un changement de vision :** le coach est tourné vers le présent et le futur dans une perspective positive (Abraham Maslow invitait déjà[2] à construire une psychologie pratique fondée sur l'observation de personnes épanouies. Mihaly Cikszentmihalyi[3] propose également à ses lecteurs de se focaliser sur leurs réussites. La programmation neurolinguistique offre des outils pour décoder les stratégies de succès…) ;

– **une démarche rigoureuse centrée sur la recherche de résultats**, effets de l'atteinte de ses objectifs par la personne coachée ;

– **un mode de relation équilibré :** le coach conduit un processus, mais n'est pas en situation « haute » par rapport à son client qui est le seul maître de ses décisions. Pour cela, le coach développe à la fois une attitude d'empathie et le recul suffisant pour questionner efficacement et gérer ses propres émotions ou projections.

3. Un mode de management du management

Centrons maintenant notre attention sur les raisons pour lesquelles le coaching s'est déployé du monde sportif vers celui de l'entreprise et, pour cela, entreprenons un court voyage au « pays du management »…

2. *Vers une psychologie de l'être*, Fayard, 2001.
3. *Vivre, La psychologie du bonheur*, Pocket, 2006.

3.1 L'émergence des relations humaines dans le management

Consultant avant l'heure, **Taylor** se préoccupe vers 1900 de rationaliser et de soulager le travail des ouvriers. La fine décomposition des gestes que nécessite chaque tâche doit conduire l'ouvrier à des automatismes et à l'efficacité. Cependant, à partir des années 1920, alors que l'on cherche toujours à améliorer la productivité, on constate qu'une bonne organisation du travail ne suffit pas, mais que des conditions psychologiques interviennent également.

C'est alors qu'**Elton Mayo**, chercheur en psychologie du travail, entreprend ses fameuses recherches : dans une usine de Cleveland vers 1930, il choisit un atelier « pilote » pour une expérience sur les conditions de travail et l'éclairage en particulier. La productivité de l'atelier croît avec le changement d'éclairage et… continue de croître, même lorsque les conditions premières sont rétablies. Se sentir embarqué dans une « expérience-pilote » est générateur d'énergie. Et ce ne sont pas les conditions de travail qui suscitent avant tout la motivation.

Vers 1950, l'accent est mis sur la nécessité de répondre aux besoins des salariés pour les motiver au travail. **Abraham Maslow** tente de hiérarchiser ces besoins – par sa célèbre « pyramide » (cf. « La pyramide de Maslow », p. 106) – et un de ses élèves, **Frank Herzberg**, en 1959, précisera les facteurs de satisfaction au travail. Il mettra en particulier en avant les sentiments de reconnaissance, de respect et d'estime portés aux salariés.

Ces travaux sont notamment prolongés par **Mac Gregor**, vers 1960, qui questionne les responsables sur la vision qu'ils ont de leurs subordonnés. À l'instar de Pygmalion, le regard porté sur les individus façonne leur comportement. Par conséquent, un manager qui développe une vision positive de ses collaborateurs contribue à accroître leur motivation au travail.

3.2 Le management par objectifs

Dans les années 1970, **Blake** et **Mouton**[4] insistent certes sur la nécessité de centrer le management sur l'humain, mais aussi sur les résultats et préconisent ainsi un comportement optimal du manager.

Dix ans plus tard, **Hersey** et **Blanchard**[5] font valoir que tout ne dépend pas du style du manager, mais aussi des compétences et de la

4. *Les deux dimensions du management*, Éditions d'Organisation, 1980.
5. D. Tissier, *Management situationnel*, Éditions INSEP, 2001.

motivation des collaborateurs. Il s'agit d'une autre approche de la relation, toujours d'actualité : le manager adapte ses pratiques à la situation et au degré d'autonomie de ses collaborateurs.

> *Une responsabilisation des salariés*
>
> Le management par objectifs, formalisé par Peter Drücker dans les années 1950 aux États-Unis, reste très largement pratiqué dans les entreprises : si les objectifs généraux sont fixés par la direction générale, les salariés participent à la définition de leurs propres objectifs... Ils sont ainsi « responsabilisés » puis évalués sur la réalisation de ces objectifs.

D'un autre point de vue, s'intéressant au fonctionnement des organisations, le sociologue **Michel Crozier** met l'accent sur les relations de pouvoir et les intentions des « acteurs » de l'entreprise. Ceux-ci cherchent à satisfaire leurs enjeux et développent des stratégies adaptées en prenant appui sur leurs marges de liberté.

3.3 Le manager : une personne en devenir

Ces apports (notions de besoins, de responsabilisation, d'objectifs) changent profondément le rôle des managers. Ils ne peuvent donc plus être seulement des experts encadrants, des superviseurs ou des organisateurs. On leur demande aussi de devenir de véritables « athlètes de l'entreprise », de monter le niveau des performances et d'obtenir des succès dans la compétition économique.

L'analogie avec le sport est claire et il n'est pas étonnant que, sous la houlette de **Tim Gallwey** et de **John Whitmore**[6], deux coachs, le coaching se soit étendu du monde sportif à celui de l'entreprise. Développer une vision stratégique, faire face à l'accélération des changements, à l'instabilité de l'économie et à la recherche de productivité incitent les managers, à l'instar des sportifs, à se tourner vers des coachs.

> *Un besoin d'écoute croissant*
>
> Les collaborateurs manifestent de plus en plus, tout comme les clients, leur besoin d'être écoutés ! Michel Crozier avait d'ailleurs prévenu[7] dès 1989 : en publiant *L'entreprise à l'écoute*, il suggérait aux managers un renversement du « Qui écoute Qui », en externe comme en interne. Un psychiatre et consultant, Éric Albert, va plus loin[8] et publie un livre au titre suggestif, *Le manager est un psy*, qui est devenu un classique (plus de 30 000 lecteurs en sept ans).

---

6. *Le Guide du coaching*, Éditions Maxima, 2005.
7. *L'entreprise à l'écoute*, Le Seuil, Points d'essai, 1994.
8. Éditions d'Organisation, 1998.

On comprend que ces exigences rendent la fonction d'encadrement encore plus complexe, d'autant que, désacralisée, elle laisse parfois le manager perplexe quant à son devenir. La formation au management appelée en renfort montre ses limites, stigmatisées dès 1996 par Jean-Pierre Le Goff dans *Les illusions du management*[9]. Pour faire évoluer les comportements de ses collaborateurs, il faut faire évoluer son propre comportement, et s'il faut apprendre ce « savoir-être », on ne peut l'enseigner...

> *En perpétuel devenir*
>
> « Le management n'est ni une science ni une technique mais un art qui s'actualise dans une pratique... Le manager ? Un homme, une femme qui accepte en toute lucidité et humilité d'être en perpétuel devenir...»
>
> Claude-Pierre Vincent, *Des systèmes et des hommes*[10].

3.4 Le positionnement du coach

Dans le domaine des relations professionnelles, **l'apparition du coach répond à un nouveau besoin du manager : celui de se manager pour pouvoir manager les autres**.

Il ne peut être que partiellement aidé en cela par son propre manager (son N + 1) en raison de la relation hiérarchique, peu propice à une expression non assortie d'évaluation, clé de l'efficacité du coaching.

Il peut être assisté par ces « hommes de l'ombre » qui accompagnent souvent les hauts dirigeants, mais chaque manager ne peut avoir ainsi son conseiller personnel...

Il n'est pas non plus aisé de faire le point seul sur des situations complexes, de prendre le temps de considérer tous les aspects d'une question tandis que les urgences frappent à la porte du bureau... On a en effet parfois besoin d'un miroir qui nous renseigne sur notre fonctionnement et on recherche alors une personne capable de nous écouter et de nous questionner pour y voir plus clair.

C'est pourquoi, sur une problématique plus ou moins déterminée au départ, faire appel à un coach professionnel pour une durée précisée par contrat peut aider le manager à répondre aux exigences décrites plus haut tout en préservant son intégrité. Il ne s'agit pas là d'assistance, mais d'utilisation judicieuse de ressources disponibles...

9. Éditions La Découverte, 2000.
10. Éditions d'Organisation, 1990.

Au-delà de son action ponctuelle, le coach contribue, en ce qui concerne l'exercice de l'autorité managériale, à faciliter le passage décrit par F. Kourilsky-Belliard[11] entre le management par les tâches et le management par les résultats, et à mieux définir ainsi rôles et priorités.

Son intervention s'inscrit dans une vision du travail comme source de développement, en opposition avec une vision du travail comme punition ou source de désagrément (Cf. C. Carestia-Lanciaux[12] et Thomas G. Crane[13]).

Une perspective de développement personnel

Le coach aide son client à situer la question qu'il traite dans la perspective de son propre développement. Ainsi, un manager opérationnel, promu à une responsabilité plus large, est-il conduit à développer son intuition et une vision stratégique qui l'enrichit en tant que personne et lui permet de se renouveler.

Enfin, le coach propose à son client de prendre appui sur sa perception du résultat à atteindre au lieu de partir des problèmes qu'il rencontre inévitablement. Faire appel au désir est le principal ressort de la mise en marche. Il conduit ainsi le manager à mieux utiliser toutes ses ressources et contribue à ce qui est aujourd'hui demandé au manager : être le développeur des talents de ses collaborateurs.

> *Manager au service des collaborateurs*
>
> « Vous n'êtes pas là pour être géniaux mais pour donner du génie à vos collaborateurs ! »
>
> *P. Lemoine*

4. Le coaching et la mode du développement personnel

Selon Thierry Chavel, « il y a actuellement une profonde remise en question de ce qu'est "gouverner des entreprises" (...) le développement personnel a directement à voir avec ce gouvernement ». Crise de la représentation, faillite des modèles, perte de sens : tout cela, d'après

11. *Du désir au plaisir de changer*, Dunod, 1992.
12. *Stratégies de la récompense*, ESF éditeur, 1980.
13. *The Heart of coaching*, FTA Press, 2007.

lui, interroge le management de la personne : « Même l'individualisme qui semble porter le coaching est aujourd'hui en péril. »

4.1 Individualité et complexité

L'émergence de la « personne », avec la mise en valeur de sa singularité, dans les sociétés occidentales, est assortie d'un compagnon ambivalent : la responsabilisation.

Deux phénomènes font monter la pression : la complexité des situations et l'impermanence des choses. Pas question d'y échapper ! Sans le secours d'aucune tradition, il faut prendre des initiatives individuelles face à des situations toujours nouvelles.

Chacun se sent obligé de réussir sa vie, d'être un gagnant, d'être dans le film… Le bonheur devient normal et obligatoire, comme le décrit Pascal Brückner dans son essai sur le devoir de bonheur[14] et il faut tout réinventer !

Le désir de toute-puissance revient à peine masqué, avec son cortège de fortes illusions : atteindre le succès sans effort, échapper à toute souffrance et, grâce à la multiplication des savoirs, faire l'économie de la confrontation à la réalité... « *Just do it* ! », dit une célèbre publicité.

On comprend aussi que des personnes qui ne peuvent plus se référer à une ligne de conduite bien définie se tournent vers toutes sortes de gourous. La demande est grande et le coach peut apparaître comme l'un d'eux. Pour l'entreprise, il saura, pense-t-on, faire du manager un entraîneur et l'aider à faire face aux défis auxquels il est confronté. Pour la personne, il est parmi ceux qui savent écouter, aider à rallumer la confiance en soi et à donner des perspectives…

4.2 Le coach, le philosophe, le psy et les autres

Les professionnels dédiés au développement humain ne manquent pas : parmi eux, où se situe le coach et que nous propose-t-il ?

Certains philosophes actuels (André Comte-Sponville, Luc Ferry, André Glücksman, Pierre Hadot ou Michel Onfray, par exemple) se proposent, à l'instar de leurs grands aînés épicuriens ou stoïciens, de nous aider à nous penser nous-mêmes, à développer un art de vivre et un amour de la sagesse.

14. *L'Euphorie perpétuelle, essai sur le devoir de bonheur*, Grasset, 2000.

Le coach et le philosophe

Le coach, s'il a des valeurs personnelles, n'a aucun message direct à proposer à son client ; il ne fait pas du partage de ses valeurs la condition de son exercice. Mais si le coach est incapable d'expliciter ses présupposés, bien sûr humanistes, on comprend qu'il puisse inspirer de la méfiance au philosophe...

Les « psys »... famille très diversifiée !

Leurs clients expriment un malaise ou une souffrance et donc un besoin de soin. Celui-ci peut prendre la forme d'une longue analyse ou, à l'inverse, d'une psychothérapie brève. L'objectif n'est pas toujours exprimé : se reconstruire, être davantage acteur de sa vie, ou plus simplement aller mieux, apprendre à vivre avec ses difficultés.

Le coach et le psychologue

Des connaissances de base en psychologie sont indispensables à tout coach. Il ne se livre pas pour autant à un examen de la psyché de son client. L'inconscient n'est pas son domaine, même s'il le sait toujours au travail. C'est dans le conscient (le cognitif et le comportemental) qu'il évolue. Il peut aider son client à mieux comprendre certains de ses comportements, afin d'en devenir le vrai pilote ; ou à élargir le champ de sa conscience par la reconquête de quelques territoires du subconscient. S'il décèle un besoin de soin psychologique, l'éthique du coach lui enjoint de passer le relais, voire, si cela est possible, de conseiller une thérapie à son client.

Il s'agit pour le coach, non de le soigner, mais de l'aider à atteindre des objectifs à sa portée, et ce à partir de ressources qu'il possède, mais qu'il ignore ou n'arrive pas à mobiliser seul. Les métiers de psychologue et de coach diffèrent donc, même si des passerelles existent entre eux : de nombreux psychologues s'orientent vers le coaching et les coachs se nourrissent des apports de la psychologie.

Les consultants...

Forts de leur expérience en accompagnement, bon nombre de consultants ont assimilé leur pratique à celle du coaching. Il s'agit pourtant de métiers fondamentalement différents. Les consultants sont sollicités pour produire des analyses et donner des conseils. Ils font bénéficier leurs clients de leur expertise. Leur mission est remplie si, par leur intervention, ils ont, par exemple, facilité la prise d'une décision difficile ou aidé à résoudre des problèmes spécifiques.

Le coach et le consultant

Le coach ne donne pas de conseils ; s'il se permet une suggestion, c'est avec l'autorisation de son client. Il lui propose d'orienter le projecteur dans tous les coins de la réflexion pour ne rien laisser dans l'ombre. Quant à prononcer un jugement, il se l'interdit ; par contre, il ne se prive pas de questionner son client sur l'existence d'autres solutions (« options ») et sur leurs conséquences. Alors que le consultant s'implique dans la situation de son client, le coach essaie de garder un certain recul. Dans le théâtre de l'entreprise, le consultant dirige les acteurs, le coach leur pose des questions à partir de ce qu'il voit et entend. Si une scène est enregistrée en l'absence du coach, c'est lui qui tient ensuite les commandes du magnétoscope, revient en arrière, fait un arrêt sur image, ou fait avancer la bande : il ne lui ajoute rien. Elle reste la propriété du « client acteur ».

Les formateurs

Les formateurs se distinguent plus facilement du coach que les consultants. Ils ont, en général, affaire à des groupes (encore qu'il puisse y avoir du coaching d'équipe), auxquels ils ont quelque chose à transmettre. Ils peuvent emprunter au coaching lorsqu'il s'agit d'un savoir-être et développer en formation une « coach attitude ». Ils ont eux aussi un objectif, auxquels les stagiaires peuvent (parfois) adhérer pleinement.

Le coach et le formateur

Si leur déontologie leur impose la discrétion, les formateurs n'ont pas, la plupart, du temps de clause explicite de confidentialité. Voilà une différence profonde avec le coach qui s'engage par contrat à la stricte confidentialité des échanges et des propos tenus au cours des séances. Le « parler vrai » est à ce prix et c'est le cadre qui est posé avec les prescripteurs…

Le coach peut juger utile pour son client de s'arrêter pour un moment de pure formation. Il désire alors l'amener à s'approprier un outil qui lui servira dans le cadre de l'atteinte de ses objectifs et pour renforcer son autonomie.

Et les autres…

Médias, littérature, cinéma offrent un espace à des personnes porteuses d'une certaine vision de la vie et de messages destinés, sinon à aider leurs contemporains, du moins à leur mettre du baume au cœur.

C'est également une réponse au souci contemporain de développement personnel.

Citons, par exemple, les psychologues, psychanalystes invités d'émissions de radio ou de télévision chargés d'aider le public ou des personnes sélectionnées pour la circonstance à mieux comprendre leur situation.

Citons encore des écrivains, tel Jacques Salomé, qui distille des conseils de psychologie ou de pédagogie sur un mode ludique (« T'es toi quand tu parles ») ou encore Paulo Coelho qui propose des parcours initiatiques dans ses romans…

Le coach, un nouveau directeur spirituel ?

Les gourous de tout poil sont aussi nombreux qu'autoproclamés. Auprès d'eux, leurs adeptes cherchent à combler une partie du vide laissé par l'effondrement des grandes idéologies comme par l'affaiblissement des religions traditionnelles. Le besoin est tel que le coach pourrait faire profession de « directeur spirituel », ce qu'il n'est pas et ne veut pas être.

Si Thierry Chavel[15] précise, à juste titre, que « les coachs doivent être conscients des modèles symboliques, éthiques et spirituels qu'ils véhiculent », il ne faudrait pas confondre le perfectionnement dans l'art et la manière de (se) piloter que permet un coaching bien mené, avec l'invention de sa voie personnelle. L'accent que met le coach sur le processus pourrait créer une équivoque. La différence est ailleurs.

Le vrai directeur spirituel aide son « client » à relire dans son histoire personnelle les signes qui marquent peu à peu sa voie propre. Il n'y a pas d'objectif particulier sinon celui de s'inscrire dans la recherche d'un « plus d'être », dans la construction d'un « plus d'humain » parfois au-delà des chemins balisés des religions ou des idéologies. Démarche non volontariste, plus marquée par l'accueil, totalement différente de celle d'un coach qui se veut directif dans la méthode et n'hésitera pas à recentrer son client sur l'objectif à atteindre, cœur du contrat.

5. Une question de déontologie et de pratique

Ce qui permet donc de situer véritablement un coach dans cette grande mouvance du développement personnel, rappelons-le, c'est d'une

15. Au cours d'une intervention à Interactions TP-TS, en septembre 2002.

part sa déontologie, d'autre part sa pratique, appuyée sur des techniques référencées. Il en sera question en détail plus avant dans ce livre.

Les apports du coach : points clés

Ce que le coach apporte en propre, par le questionnement et grâce à sa posture professionnelle, c'est :
– une possibilité nouvelle de gouvernance de soi, modeste et pragmatique, confortant la personne coachée dans sa recherche d'un sens qui n'est plus donné et dont il a pourtant, comme tous, besoin ;
– une meilleure adaptation, dans le respect de son intégrité, aux réalités complexes que sont devenus le travail, la famille, le social ;
– un développement de l'autonomie, grâce à la conscience élargie des systèmes auxquels la personne coachée est intégrée (systèmes de relations sociales mais aussi systèmes de croyances personnelles).

En outre, les coachs s'apportent à eux-mêmes l'occasion d'entretenir leur pulsion d'évolution personnelle et leur contribution à l'instauration du « plus d'humain » comme idéal de vie. Cette pratique survivra bien sûr aux effets de mode car elle participe au développement d'un art de vivre aussi bien au travail que dans la sphère privée. Mieux, nous voulons penser que l'attitude du coach se diffusera et rayonnera pour une meilleure écoute de soi-même et des autres, et ainsi contribuera au développement individuel et collectif.

2

CHAPITRE

Le coach et son métier

Un coach professionnel est une personne qui répond à différents critères et engagements en termes de savoir, savoir-faire et savoir être (*cf.* la carte mentale ci-dessous). Le coaching professionnel est l'accompagnement d'une personne, d'un groupe de personnes ou d'une organisation vers la réalisation d'un projet, d'un objectif. Le coach professionnel est un facilitateur. Il aide son client à trouver sa solution et lui permet ainsi d'atteindre la situation désirée plus rapidement avec plus de plaisir et de facilité.

1. Un apprenti sorcier ?

Il est légitime de se poser la question. En effet, comment devient-on coach ? Qui sont les coachs ? Quelle est leur formation ? Quels sont leurs outils ?

Les éléments clés d'un coach professionnel

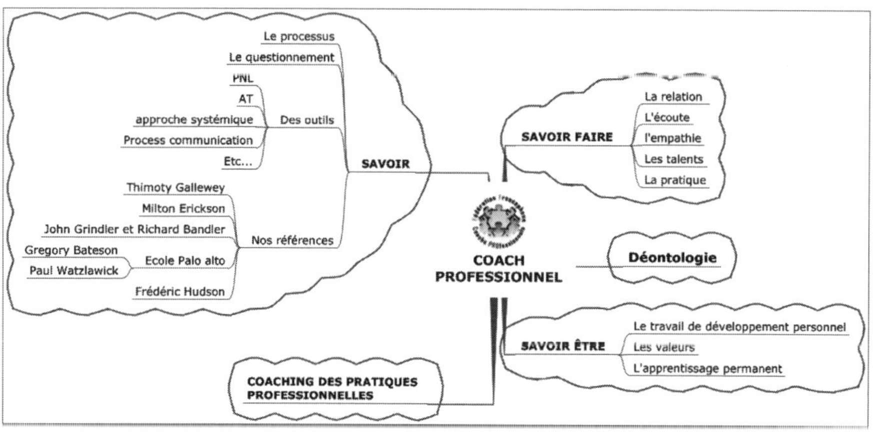

L'enjeu est important. Amener une personne, un groupe ou une entreprise vers le changement ne s'improvise pas. Par manque de formation, de déontologie, de pratique et de coaching sur sa pratique, un « coach » non professionnel risque de mal orienter son client, de lui faire endosser son histoire, ses peurs, sans réellement l'accompagner, et de manquer totalement d'objectivité.

Le coach professionnel est un catalyseur de réussite. Comment ? En se basant sur les principes de coaching professionnel qu'il a fait siens, à savoir :

– donner du sens ;
– conduire son client vers plus d'autonomie ;
– amener son client vers une plus grande conscience de sa responsabilité ;
– orienter son client vers la recherche de solutions ;
– amener son client à l'action.

De l'intention à l'action

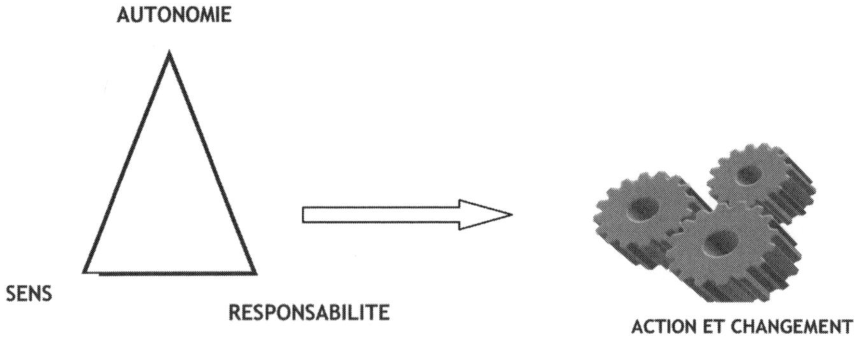

Il s'agit maintenant d'établir un état des lieux du savoir et des compétences de base du coach professionnel. Nous poursuivrons ensuite par ce qui fait que chaque coach professionnel est unique (savoir-faire et expérience), pour finir par les engagements, la déontologie et le coaching sur la pratique dont doit faire preuve un professionnel.

1.1 Le savoir du coach professionnel

Dans un coaching, c'est le client qui donne au coach professionnel le matériau pour construire son accompagnement.

C'est à partir du client et de son discours que le diagnostic, l'analyse de la situation sont faits et que le coach professionnel émet des hypothèses de structure du coaching. En effet, c'est du client que découlent l'enchaînement des étapes et l'utilisation de tels outils, concepts ou méthodes (selon la boîte à outils du coach). En effet, au-delà des outils, de la technique, c'est le client qui est au centre du coaching. Il est la plaque tournante du coaching ; tout vient de lui et tout passe par lui.

Il s'agit d'aborder maintenant le processus du coaching, ainsi que les outils et méthodes sur lesquels les coachs professionnels s'appuient pour accompagner leurs clients.

Coacher via un processus

Le professionnel articule son coaching autour d'un processus. Ce processus peut être décomposé en 6 étapes répondant à une logique simple ; celles-ci sont la charpente de l'accompagnement. À cette charpente s'ajoute le savoir-faire, le savoir-être et la pratique du coach professionnel.

> *Qu'est-ce qu'un processus ?*
>
> Selon *Le Petit Robert* : « Ensemble de phénomènes (tout ce qui se manifeste à la conscience, par l'intermédiaire des sens, ici), conçu comme actif et organisé dans le temps. »

C'est dans ces étapes que se situe le cœur de l'accompagnement. Le processus de coaching est un outil puissant. Sa maîtrise et sa pratique sont les clés d'un coaching performant et efficace.

Les étapes du processus sont les suivantes :

1) définir et formuler l'objectif ;

2) clarifier la situation de départ ;

3) rechercher les options pour atteindre l'objectif ;

4) élaborer une stratégie ;

5) établir un plan d'actions ;

6) suivre la réalisation des actions.

le coaching : un processus en 6 étapes

Étapes	De quoi s'agit-il ?	Points à retenir
1. Définir et formuler l'objectif	**La définition de l'objectif** est le point de départ du processus de coaching. Sénèque disait : « Il n'y a pas de vent favorable à celui qui ne sait pas où il va. » En effet, comment décider d'une stratégie et d'un plan d'actions si l'on ne sait pas où l'on veut aller ? Le premier travail avec son coach professionnel consiste donc à répondre aux questions suivantes : que voulez-vous atteindre ? Où voulez-vous aller ?	La phase de définition et de validation de l'objectif est une étape importante de la démarche et peut durer plusieurs séances ; à l'issue de la première séance, on en pose généralement les bases. Avoir un bon objectif, c'est avoir fait les 3/4 du chemin.
	L'objectif est un fil conducteur, il est la base, la racine de la réussite. Il est donc important, si l'on veut réussir, de définir et de clarifier l'objectif de tout projet et, au-delà, de toute action. Identifier ce que l'on veut permet de donner du sens à ce que l'on entreprend et aux choix que l'on est amené à faire. De plus, cela donne une plus grande conscience de ses actes et fait de chacun le premier responsable de sa vie. **Les types d'objectifs rencontrés en coaching** – Les objectifs dits globaux ou généraux qui donnent une direction. Ce type d'objectifs se découpe en objectifs spécifiques ou sous-objectifs, ce qui permet de définir différentes étapes, de mesurer l'avancement et de capitaliser sur l'énergie des réussites des sous-objectifs. « La réussite engendre la réussite. » – Les objectifs qui sont spécifiques sont généralement des objectifs dits de performance. **Les critères d'un bon objectif** Le travail du coach professionnel est d'aider à définir un objectif en lien avec la personnalité, avec le projet de vie, les aspirations et les envies du client. Il permet de valider que celui-ci dépend entièrement de soi.	Un bon objectif répond aux critères suivants : – **Spécifique :** il décrit précisément ce que l'on cherche à atteindre. Il répond aux questions : quoi, où, quand et comment sera la situation à la fin ? – **Mesurable :** quantifier l'objectif et les bénéfices. Questions utiles : comment saurais-je que je suis en route pour le réaliser, comment saurais-je que je l'ai atteint ? – **Atteignable :** acceptable et accepter, être conscient du prix à payer pour cet engagement. – **Réalisable :** vérifier que celui-ci soit dépendant de moi et sous mon contrôle. – **Temps :** cadré dans le temps. Qui répond à la question : à quelle date aurai-je atteint mon objectif ?

2. Clarifier la situation de départ	**Clarifier l'état présent, c'est avoir les pieds sur terre et la tête dans les étoiles.** Dans cette phase du coaching, on cherche à savoir d'où part le client. Ici, le coach professionnel endosse le rôle du curieux, du découvreur, il aide à prendre conscience de la situation actuelle. Il permet d'évaluer le point de départ pour voir clairement le chemin qu'il reste à parcourir. C'est prendre conscience de sa réalité et réajuster si nécessaire son objectif. **C'est par l'évaluation du chemin qui reste à parcourir qu'un coach donne envie à son client de prendre la route.** C'est la tension perçue qui donne l'énergie. Notre rôle est de soutenir notre client afin qu'il transforme cette tension en énergie créatrice, énergie de passage à l'action.	Les maîtres mots de cette étape : - objectivité ; - faits ; - découverte ; - questionner la réalité.
3. Rechercher des options pour atteindre l'objectif	**Cette étape a pour but de générer de nouvelles solutions**, de nouvelles options et non isoler une solution. Nous amenons notre client à être créatif, à trouver des solutions inattendues. « Ouvrir les champs du possible[a]. » **C'est grâce à toutes ses idées que l'on pourra bâtir la stratégie d'action**, ce pourra être l'une d'elles ou une combinaison de plusieurs d'entre elles.	Les maîtres mots de cette étape : - oser ; - créativité ; - ludique ; - lever les préjugés.
4. Élaborer une stratégie	**La stratégie, c'est l'angle d'approche que l'on choisit pour atteindre l'objectif.** À chaque objectif sa stratégie. Il est possible d'atteindre un objectif sans stratégie, mais on prend le risque d'être inefficace. Pourquoi une stratégie ? - pour d'économiser de l'argent, de l'énergie, du temps ; - pour plus de résultat avec moins d'effort ; - pour aller plus loin que l'objectif ; - pour anticiper les problèmes ; - pour donner un sens plus large à nos actions. **Les stratégies possibles sont multiples et fonction du client et de son objectif.** Il est nécessaire pour élaborer une stratégie de prendre en compte l'environnement, que ce soit pour une personne, une équipe ou une entreprise, d'inscrire le client dans son contexte, de prendre en considération les contraintes (temps, les risques…). La stratégie se construit aussi en fonction des ressources et de la motivation du client. Celles-ci auront fait l'objet d'un questionnement approfondi. Pour une stratégie efficace, jouons la carte de l'expérience du client et de la simplicité. La stratégie est l'outil du paresseux intelligent[b].	Les maîtres mots de cette étape : - structure ; - approche. ►

5. Établir un plan d'actions	**Le plan d'actions, c'est l'enchaînement des actions à mener pour atteindre l'objectif.** Cet enchaînement est d'autant plus limpide que l'objectif est clair et la stratégie bien identifiée. **Il s'agit pour le client de mettre plus de sens dans ses actions.** Le plan d'actions répond au moins à ces trois questions : quoi ? quand ? comment ?	Les maîtres mots de cette étape : - simplicité ; - contexte ; - action.
6. Suivre la réalisation des actions	**C'est à cette étape que le coach professionnel peut valider ses choix de stratégie et de solutions.** On prend le temps de travailler à identifier les ressources nécessaires. On mesure le degré de motivation et d'estimation de réussite du client. Et celui-ci se lance dans l'action.	Les maîtres mots de cette étape : - ressources ; - validation ; - mise en œuvre ; - action.
Le processus est la charpente de l'accompagnement. En tant que coach professionnel, il est important de toujours garder à l'esprit le bien-être de notre client et vérifier que le processus est en lien avec lui, avec son potentiel et son environnement.		

a. Jacques Salomé.
b. Alain Cayrol.

Pratiquer l'art du questionnement

Le questionnement est l'art suprême du coach professionnel. En effet, les questions posées ne sont pas neutres. Chaque question que formule un coach professionnel correspond à une intention, un objectif.

Elles permettent d'y voir plus clair, d'aller chercher des informations, tant pour le coach que pour le client. Le coach professionnel se demande, à propos de chacune, si elle peut aider son client dans son cheminement. Les questions jalonnent l'ensemble du processus de coaching.

Utiliser des outils

Les outils sont pour le coach professionnel des grilles de lecture. Certains coachs possèdent une large palette d'outils, l'étendue de celle-ci n'est en rien un gage de qualité. Il n'y a pas de graduation quant à l'efficacité de ces outils, celle-ci réside dans la façon dont le coach s'est approprié ces outils et les utilise[1].

La PNL, ou programmation neurolinguistique, la systémique et l'analyse transactionnelle, ou AT, sont des outils souvent cités par les coachs professionnels. Beaucoup de formations au coaching en sont

1. La liste proposée ici n'est pas exhaustive, mais représentative des outils, méthodes et concepts couramment utilisés.

empreintes. Ils s'articulent en complément les uns des autres et toujours en fonction de la personne coaché et de la situation. Notez qu'il vaut mieux un bon coach avec peu d'outils que l'inverse.

La programmation neurolinguistique

Définition

À la fois art, ensemble d'outils et philosophie de vie, la PNL a pour objet la modélisation de l'excellence humaine. Elle s'intéresse avant tout au « comment ça marche ? » plutôt qu'au « pourquoi ça ne marche pas ? ».

La PNL est née dans les années 1970 de la rencontre de deux hommes : Richard Bandler, mathématicien et informaticien, et John Grinder, linguiste, tous deux docteurs en psychologie. Elle a été mise au point à partir d'emprunts variés à la psychologie, la cybernétique, l'informatique et la linguistique.

Elle a développé des moyens très sophistiqués pour décoder les compétences exceptionnelles de personnes reconnues dans leur pratique professionnelle (pédagogues, psychothérapeutes, gestionnaires, médiateurs, musiciens, sportifs, etc.) et de modéliser ces compétences pour les rendre accessibles à d'autres. Cette démarche a donné lieu à un modèle de la communication, de l'apprentissage et du changement, et à de puissants outils de communication verbale et non verbale. La PNL fournit le mode d'emploi, c'est à dire le « comment faire », pour modifier les stratégies internes inefficaces, instaurer des changements durables et mobiliser les ressources personnelles.

L'appellation programmation neurolinguistique repose sur les trois composantes : le langage, la neurologie et les programmes de comportement.

L'analyse transactionnelle

Définition

S'inscrivant clairement de par sa filiation analytique dans le courant des psychothérapies humanistes, l'analyse transactionnelle soutient l'idée que tout être humain est capable d'autonomie, qu'il est responsable de sa vie et peut décider des changements nécessaires à sa croissance personnelle.

Fondée aux États-Unis dans les années 1960 par Eric Berne, psychiatre et psychanalyste, l'analyse transactionnelle (AT) est une théorie de la personnalité et du développement intrapsychique, de la dynamique des relations interpersonnelles, ainsi qu'une méthode thérapeutique.

L'AT est une aide pour changer de mode de pensées ou d'actions quant nous ne sommes pas satisfaits de notre fonctionnement. Elle nous permet ainsi de réagir et d'agir librement à notre présent, à « l'ici et maintenant ».

Les différentes techniques utilisées en analyse transactionnelle permettent des changements dans des domaines correspondant à un questionnement fondamental qui renvoie aux concepts de base de l'analyse transactionnelle :

Quelles sont mes différentes façons d'être au monde ?	Les états du Moi
Quelle est ma manière d'entrer en contact avec les autres ?	Les transactions
Quels sont les buts que je vise dans mes relations affectives et sociales ?	Les jeux
Sur quelles bases est-ce que j'opère mes choix de vie ?	Le scénario de vie

L'approche systémique

Définition

Dans l'approche systémique, l'accent est mis sur les relations à l'intérieur du système plutôt que sur ses composants.

L'objectif de l'approche système est de schématiser n'importe quel ensemble complexe, d'aboutir à une modélisation qui permette d'agir sur lui, après avoir compris sa configuration matérielle et sa structure dynamique.

Le process Communication

Définition

Son but est de permettre une meilleure compréhension des types de personnalités, et de donner des clés pour une communication optimum. Elle amène aussi à construire des relations constructives et efficaces.

C'est le docteur en psychologie Taibi Kahler, qui à développé depuis les années 1970 le process Communication. Il s'est basé sur ses observations des relations et du management au sein d'entreprises américaines.

Le dialogue intérieur

Définition

La méthode du dialogue intérieur est un outil de communication qui s'intègre à tous les processus de croissance personnelle. Le dialogue invite à la découverte, il transforme les difficultés en enseignements, le rêve en exploration magique.

Issu de la psychologie des subpersonnalités, le dialogue intérieur est une méthode récente. Cette méthode propose de séparer l'ego de nos différentes voix intérieures.

Développée en 1981 par les professeurs Hal Stone et Sidra Stone, elle est une combinaison de différentes approches thérapeutiques : le gestalt, la psychanalyse jungienne, la psycho-synthèse, l'analyse transactionnelle, et le psychodrame.

Elle est pourtant différente de ces autres approches car elle ne cherche pas à résoudre les problèmes à la place du client mais à entamer un travail de « conscientisation ».

Elle tend à permettre à l'ego d'être capable d'inclure toutes les subpersonnalités. Le but est de développer un ego conscient.

L'Énnéagramme

L'Ennéagramme[2] est une carte du fonctionnement (voir schéma ci-dessous) des êtres humains. Il parle de nous, de nos proches, de nos relations… Il montre en quoi nous sommes semblables et en quoi nous sommes différents.

2. Institut français de l'énnéagramme, www.enneagramme.com

L'énnéagramme

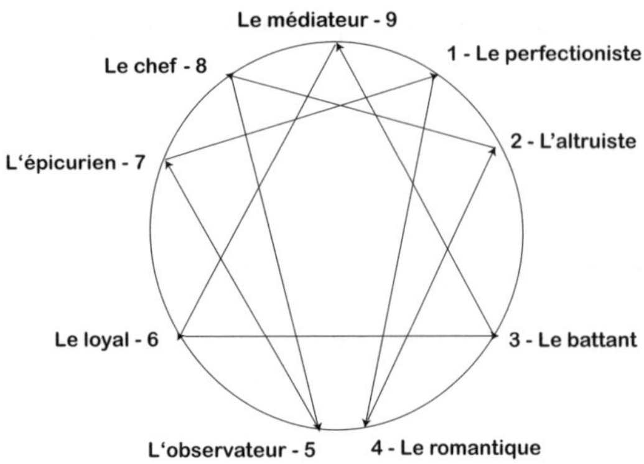

www.enneagramme.com

Cette approche focalise son intérêt sur les motivations intérieures de l'Homme, plus que sur ses comportements. Parmi les 9 profils qui figurent sur le schéma ci-dessus, nous avons une orientation dominante. Cette orientation a un impact majeur sur toutes les situations de notre vie. Cette orientation dominante est à la fois notre principal don et notre principale limitation.

L'Ennéagramme est utilisé par certains coachs pour mieux se connaître, pour mieux communiquer, pour se libérer de limitations et d'automatismes et aider les autres à faire de même.

Le MBTI

Définition

Le MBTI[3] permet de découvrir les structures fondamentales de la personnalité et de mieux connaître son développement. Il a pour but une meilleure connaissance de soi et des autres.

Le MBTI a été développé sur la base des travaux de Carl-Gustav Jung par Katharine Briggs et Isabel Myers – d'où son nom d'indicateur typologique de Myers-Briggs (*Myers-Briggs type indicator*).

3. Pierre Cauvin, extrait de www.centre-inffo.fr.

Le MBTI aide à découvrir les processus cognitifs, selon quatre dimensions et huit pôles :

– l'« orientation de l'énergie », ces deux pôles = Extraversion = E ou Introversion = I ;

– les modes de perception, ces deux pôles = Sensation = S ou Intuition = N ;

– les critères de décision, ces deux pôles = Pensée = T (*thinking*) ou Sentiment = F (*feeling*) ;

– le style de vie, ces deux pôles = jugement = J ou perception = P.

Il est possible de procéder à 84 combinaisons. La plus fréquente, appelée « type », est élaborée à partir de celles obtenues en prenant les quatre polarités préférées (extraversion ou introversion, sensation ou intuition, pensée ou sentiment, jugement ou perception). Il existe donc 16 types – et chacun est le résumé d'une structure psychique, une continuité, et aide à prévoir non des comportements individuels, mais des probabilités comportementales, aux différents âges de la vie. La question est de savoir dans quel ordre les fonctions vont se développer.

Le MBTI est utilisé pour l'orientation professionnelle, l'accompagnement individuel, les relations interpersonnelles, pour éclairer les modes d'apprentissage, les processus de travail en groupe, ou encore les cultures d'entreprise.

Le 360° feedback

Définition

Originaire des États-Unis, le 360° est un outil d'observation et d'évaluation des pratiques managériales individuelles. Il est fondé sur l'écart existant entre la représentation que nous avons de nous-mêmes et celle qu'ont les personnes avec qui nous sommes en relation. Le 360° feedback permet[4] de décoder les situations avec l'aide du regard des autres. Aussi appelé « bilan multiperspectives » ou « diagnostic à évaluateurs multiples ».

Au centre de ce travail se trouve la personne à évaluer. Celle-ci doit répondre à un questionnaire, auquel les personnes qui l'entourent (responsable hiérarchique, collègues et collaborateurs) doivent répondre aussi.

4. Isabelle Farchy, chargée d'études au Centre Inffo, extrait de www.centre-inffo.fr.

Les réponses sont ensuite comparées et l'on regarde l'écart entre la perception du client évalué et son entourage. C'est un travail qui s'effectue avec un coach professionnel et qui permet de comprendre et de mettre en lumière les points dégagés, et de démarrer ainsi un process de développement personnel.

Il existe de nombreux tests 360° feedback sur le marché, notamment « Compétences » pour un public de cadres moyens, et « Triptyque » pour les cadres confirmés et les dirigeants. Tous deux ont été créés par Claude Lévy-Leboyer. Dans tous les cas, l'appel à un coach professionnel permet d'assurer la confidentialité et la fiabilité.

Le HBDI

Méthode de connaissances des personnalités et des comportements créée par Ned Herrmann, dans les années 1980, le HBDI repose sur les relations entre comportements et fonctionnement cérébral, s'appuie sur les découvertes des neurobiologistes et prix Nobel de neurosciences Roger Sperry et Paul MacLean.

Définition

La Méthode Herrmann® est un modèle explicatif du fonctionnement de la pensée individuelle qui montre que chacun possède son propre style de gestion des informations, d'acceptation des messages d'autrui, de réponse aux divers stimuli de l'environnement.

Le profil de préférences cérébrales Herrmann® de chaque individu, c'est-à-dire son degré d'utilisation des différents espaces de fonctionnement cérébraux, détermine donc :

- ses réactions ;
- son mode de compréhension (ou son incompréhension) des messages émis par les autres ;
- son mode d'apprentissage et d'acquisition des savoirs ;
- son comportement au travail ;
- ses sympathies et ses antipathies ;
- ses zones de compétences et de carences ;
- ses modes d'expression et ses attitudes, etc.

Cet inventaire de personnalité met donc en évidence les points de force et les zones d'amélioration de chacun mais aussi les potentiels à développer.

Les courants et personnes qui ont inspiré le coaching

Le coaching est issu des sciences humaines et s'appuie sur le travail de différentes personnes. Vous trouverez ci-dessous l'essentiel de nos références.

◆ **L'École de Palo Alto** L'école de Palo Alto a été créée par l'anthropologue Gregory Bateson dans les années 50 lorsque celui-ci s'est installé avec son équipe dans la ville de Palo Alto. Elle constitue un courant de pensée et de recherche qui regroupe différents chercheurs et psychothérapeutes tels que Jay Haley, John Weakland et Don Jackson ; ensemble ils ont élaboré entre autre une méthodologie de résolution de problèmes psychologiques et révélant ainsi une vision originale de l'être humain. Ils ont ouvert le chemin d'une nouvelle science de la communication et du changement.

De cette école, différents courants et travaux ont vu le jour, notamment le Mental Research Institute (MRI), fondé par Don Jackson en 1959, afin d'étudier les implications thérapeutiques de cette approche. Il sera rejoint par Paul Watzlawick, puis Richard Fisch, et Milton Erickson.

◆ **Gregory Bateson.** Anthropologue et cybernéticien d'origine anglaise (1904-1980), il est à l'origine de l'École de Palo Alto.

Il formule la notion de double contrainte (*double bind*) qui explique certains aspects paradoxaux et fréquents de la communication.

C'est une communication sur la communication ou métacommunication. Par exemple, celui qui vous dit « soyez naturel » vous place dans une situation de double contrainte : plus vous cherchez à obéir à cette injonction, moins vous serez naturel.

◆ **Eric Berne** Médecin et psychiatre, il cherche à développer un outil thérapeutique efficace, rapide et accessible à tous. Il met au point des concepts originaux et crée l'analyse transactionnelle. Son premier ouvrage Transactional Analysis and Psychotherapy sort en 1961. En 1964, Berne et ses collègues fondent l'International Transactional Analysis Association, qui existe toujours aujourd'hui.

◆ **Milton H. Erickson** (1901-1980), psychiatre américain, découvre l'hypnose au cours de ses études médicales.

L'approche innovante d'Erickson

L'approche innovante d'Erickson repose sur la certitude que le patient possède les ressources pour répondre de manière nouvelle aux situations qu'il rencontre : il s'agit d'utiliser les compétences et les possibilités d'adaptation personnelles.

Pragmatique et imaginatif, Erickson base une partie de son action sur une communication déroutante.

◆ **Timothy Gallwey** s'est fait connaître en dévoilant les leviers psychologiques de la performance de joueurs de tennis.

> Pour lui, « il y a toujours une partie interne qui se joue dans notre esprit. Peu importe la partie extérieure que nous jouons, le degré de conscience que nous avons de ce jeu peut faire la différence entre le succès et l'échec dans la partie extérieure ».

Un conflit entre un « Moi n°1 » et un « Moi n° 2 » serait à l'origine de la non-performance. Gallwey recommande de faire taire ce Moi réflexif, normatif, qui croit tout savoir, pour laisser s'épanouir le Moi profond, intuitif, instinctif, spontané, le vrai potentiel. Depuis, Gallwey a développé et adapté ses méthodes au contexte professionnel et aux besoins des entreprises.

◆ **John Grinder & Richard Bandler**. Richard Bandler est mathématicien et informaticien formé à la philosophie et à la logique. John Grinder est linguiste de formation. Ils sont tous deux cofondateurs de la programmation neurolinguistique en 1975.

La PNL

La programmation neurolinguistique est une technique de communication qui a pour but de changer nos anciens schémas mentaux pour trouver plus d'assurance dans la vie et optimiser notre potentiel énergétique et créatif.

◆ **Frederic Hudson**, docteur de l'université de Columbia, fondateur du célèbre Fielding Institute en 1973, est un expert en formation d'adultes. Couronné « Executive Coach of the Year » par AT&T en 1993 et « Life-Work Balance Coach » par Harley-Davidson en 1995, il a été coach pour Motorola, Quantum, Sybase, Syntex et Lockheed.

Il est à l'origine d'un modèle qui porte son nom, « le modèle d'Hudson ». Ce modèle est le résultat d'observations et de travaux sur le changement et la transition.

Le changement permanent, dans l'univers postmoderne, découle directement de ses sources dans nos esprits et nos vies. L'intensité et les dimensions du changement vont croissantes. Chacun doit apprendre à être responsable pour faire de bons choix dans n'importe quel contexte.

Les modèles linéaires de vie prévisible, de progression ou de carrières sont devenus caducs, chaque adulte traverse des cycles, une succession de chapitres et de passages. Ces cycles se répètent sans cesse.

Le changement est inévitable ; Hudson nous propose, pour y faire face :

– de donner du sens à nos actions ;
– de capitaliser sur le présent pour trouver l'énergie.

◆ **Carl Rogers** (1902-1987), psychologue humaniste. Son approche centrée sur la personne (ACP) met l'accent sur la qualité de la relation entre le professionnel et le client (écoute empathique, authenticité et non-jugement).

Dans l'approche rogérienne, l'authenticité (ou congruence) se résume en la congruence entre le Moi-Idéal et le Moi-Vécu du thérapeute, le premier se référant aux conceptions idéales de soi, et le Moi-Vécu au… vécu.

Le thérapeute se doit d'être un exemple d'authenticité pour son client, à la fois pour éviter tout langage paradoxal et pour signifier au patient qu'il est, lui aussi, un être humain…

La chaleur (ou considération positive, non-jugement), enfin, consiste en l'accueil inconditionnel du patient/client. La personne est acceptée telle qu'elle est, dans l'ici et le maintenant, avec le cadre de référence qui lui est propre. Une attitude humaine, chaleureuse et encourageante est le point clé de cette dimension.

> Bien plus que des concepts à appliquer, les trois dimensions rogériennes sont d'indispensables savoir-être et savoir-faire pour le thérapeute/conseiller.

Le travail de Carl Rogers s'est étendu à la pédagogie et à la résolution de conflits internationaux.

◆ **Paul Watzlawick** (1921), philosophe et psychothérapeute autrichien. En 1960, il découvre les travaux de l'équipe de Gregory Bateson sur la communication (théorie de la double contrainte) et rejoint l'École de Palo Alto.

Il critique vigoureusement les systèmes de pensée fermés sur eux-mêmes, et toutes les idéologies en général. Watzlawick propose une solution plus souple à notre quête de cohérence intellectuelle.

> Les théories ne sont que des constructions mentales, affirme-t-il, des « modèles » qu'il ne faut pas prendre pour le phénomène modélisé : nous construisons notre réalité[5].

La relation

Le coaching est un accompagnement qui s'inscrit dans une relation, le coach professionnel se doit avant tout de créer cet espace de confiance et d'authenticité. La qualité de celle-ci influence le résultat, un coaching réussi, c'est un coaching qui se déroule dans une relation authentique. L'authenticité est ce qui amène l'individu à dire des vérités profondes, à être lui-même et non à parler par conventions.

Être en relation, c'est créer un lien d'influence réciproque. L'art que maîtrise le coach professionnel consiste à créer cette relation de confiance mutuelle au sein de laquelle l'authenticité prévaut sur les conventions.

Un coach professionnel doit savoir

– Accueillir son client avec respect et toujours le valoriser et l'encourager

– Être fiable et congruent, c'est-à-dire dire ce qu'il fait et faire ce qu'il dit.

– Être flexible, c'est-à-dire qu'il doit savoir s'adapter aux modes de communication de son client et faire abstraction de ses problèmes et de ses éventuelles projections.

L'écoute

Pour un coach, écouter, c'est accueillir son client. C'est être présent à 100 % à ce que nous dit notre client, c'est être ancré dans sa réalité. L'écoute, c'est l'espace que l'on accorde à l'autre pour recevoir son message. Écouter, c'est aussi être prêt à changer d'avis sur soi, sur les autres et sur le monde.

5. Extrait d'un article de l'Institut Gregory Bateson (IGB de Liège).

L'écoute se situe sur un plan verbal et non verbal. En effet, quand on écoute, on prend en considération les mots et aussi les attitudes, le rythme des phrases, la respiration ; en un mot : le langage non verbal.

Ce que nécessite l'écoute

- Être détendu.
- Ne pas être sur la défensive.
- Respecter les silences.
- Ne pas juger.
- Savoir se taire.
- Savoir reformuler pour relancer, pour montrer que l'on a compris, pour faire prendre conscience à son interlocuteur de ce qu'il a dit.
- Savoir montrer de l'intérêt à la fois par son attitude et les questions que l'on pose.

L'empathie

Pour un coach, l'empathie est cette capacité à être associé à ce que dit le client ; il est néanmoins nécessaire d'avoir la distance suffisante pour lui permettre d'aller dans l'action.

L'empathie s'exprime par des messages verbaux et non verbaux, reformulation des éléments clés, synchronisation avec les attitudes de son client.

Le coach professionnel est capable de comprendre une situation non pas depuis sa fenêtre, mais depuis celle de son client.

Les talents

Les talents sont des capacités ou des dons remarquables.

Un apprenti sorcier est une personne qui pense avoir des talents qu'il n'a pas. Le coach professionnel n'est pas un apprenti sorcier ; à l'inverse de celui-ci, il a pris conscience de ces talents et les met en œuvre dans sa pratique.

Le professionnel transforme ses talents en points forts en les développant par l'apprentissage et la pratique, voire par un travail de développement personnel.

Des talents en commun

Les coachs professionnels ont certains talents en commun :
- écoute ;
- bienveillance ;
- soutien constructif inconditionnel ;
- capacité à confronter de manière positive ;
- capacité à ne pas juger ;
- capacité d'analyse ;
- curiosité ;
- empathie ;
- ouverture d'esprit ;
- disponibilité ;
- capacité à donner de la structure.

La pratique

Les talents et les prédispositions sont intéressants dans la mesure où on les cultive pour les développer. On a tous croisé un jour une personne qui possédait un talent, et qui, pour diverses raisons, n'a rien fait, les résultats obtenus n'étant pas à la hauteur des prédispositions par manque de pratique. Bonne nouvelle, il est toujours temps de s'y mettre !

Les 3 P de la réussite du coach professionnel

- Pratiquer,
- Pratiquer,
- Pratiquer !!!

Conclusion :

– Au-delà du talent, les savoir faire garantissent un professionnalisme et une maîtrise du métier. On peut, comme monsieur Jourdain, faire de la prose sans le savoir, mais pour être un poète… il reste du chemin à parcourir.

– La connaissance du métier, la pratique et le talent font du coach un professionnel.

1.2 Le savoir-être du coach professionnel

Le savoir-faire, la maîtrise des outils et la pratique forment avec l'engagement dans une démarche d'évolution continue le socle de base du professionnalisme du coach. Mieux se connaître, mieux comprendre son fonctionnement, ses limites afin d'être le plus objectif possible dans ses accompagnements, tels sont les clés du savoir-être du coach professionnel.

Le travail de développement personnel

Le coach doit être engagé dans un travail de développement personnel, c'est-à-dire travailler à la découverte de lui-même, de ses modes de fonctionnement, de ses limites, et ainsi être plus celui qu'il est vraiment.

Un tel travail permet au coach professionnel de faire prendre conscience de ses modes de fonctionnement, de ses limites.

Le développement personnel du coach

Le travail de développement personnel va permettre au coach professionnel de :
- travailler à éliminer ses parasitages intérieurs ;
- optimiser son potentiel ;
- mieux communiquer ;
- améliorer ses capacités intellectuelles ;
- harmoniser son corps et son esprit ;
- laisser exprimer ses potentialités et les mettre en valeur ;
- développer son intelligence émotionnelle.

Tout ce travail lui permet de mieux se connaître et de faire attention à ne pas transcrire son histoire, ses ambitions et ses peurs dans celles de son client. C'est aussi un moyen de comprendre ce dernier.

Les valeurs

Le coach professionnel a de fortes valeurs humanistes. En effet, il est tourné vers l'Homme et croit en ses capacités. Il pense que l'Homme possède en lui toutes les ressources dont il a besoin et que ses limites sont celles qu'il se fixe. Il défend dans sa pratique et dans son accompagnement l'autonomie et la responsabilité.

L'apprentissage permanent

Les connaissances en sciences humaines évoluent, d'où la nécessité pour les coachs professionnels de valider régulièrement leur savoir.

Une démarche d'acquisition permanente tant sur soi que sur le métier permet une plus grande fluidité et adaptabilité professionnelle. De plus, un éveil ou un approfondissement des concepts, méthodes et outils existants permet de voir sous un angle différent sa pratique.

L'échange sur les pratiques permet à chaque coach professionnel d'accroître son savoir, de s'éveiller à de nouvelles approches et concepts. Tout ceci pour aller vers plus de professionnalisme.

1.3 Les engagements du coach professionnel

Le coach professionnel s'engage clairement et ouvertement au respect d'une déontologie qu'il affiche, à pratiquer régulièrement un coaching de sa pratique et atteste ne pas avoir de pratiques occultes.

La déontologie

Qu'est-ce que la déontologie ? Selon le dictionnaire *Le Petit Larousse* 2002, il s'agit de l'« ensemble des règles et des devoirs qui régissent une profession, la conduite de ceux qui l'exercent, les rapports entre ceux-ci et leur client ou le public ».

Face à la non-réglementation du métier de coach par souci de professionnalisme et d'intégrité, des organisations telles que la FFCpro ont défini clairement des règles professionnelles que chaque coach professionnel se doit de respecter.

Vous trouverez dans le chapitre 3 « Le coach et sa déontologie », p. 89, la charte de déontologie et les explications des devoirs et engagements essentiels des coachs de la FFCpro.

Le coaching sur la pratique professionnelle

Le coaching sur la pratique professionnelle est un des engagements que prend un coach professionnel. La participation à une supervision apporte au coach professionnel une garantie supplémentaire dans la mise en œuvre de ces talents pour le bénéfice du coaché.

Pas de pratiques occultes

Le coach professionnel n'est ni un apprenti sorcier, ni un sorcier : on ne trouvera rien d'occulte dans sa pratique ; toutes les ressources auxquelles il fait appel sont à l'intérieur de la personne coachée et il n'utilise pas ses talents dans un but maléfique mais bien en faveur du développement de son client.

Point clé

Le coach professionnel fait partie de la solution, il se doit d'être la première ressource de son client. Il lui permet :
– plus de confiance ;
– plus de conscience ;
– plus de choix : le coach professionnel est un optimisateur d'autonomie.

« Un coach est un professionnel qui facilite l'acquisition par l'expérience d'aptitudes utiles pour l'avenir. Ce mentor (modèle, conseiller bienveillant) travaille sur des forces émergentes – humaines ou organisationnelles – pour capter une nouvelle énergie, du sens, dessiner des visions et des plans, afin d'obtenir des résultats désirés. »

Coacher n'est ni « donner des conseils » ni de la réparation. C'est « l'établissement d'une relation vitale sur une période donnée avec un client à la recherche de clairvoyance et de savoir-faire utiles pour opérer des changements dans sa vie ou des systèmes humains (organisation, famille...). La fonction ultime du coaching est d'aider les individus et les organisations à fixer leurs buts, leurs visions et leurs plans pour le court terme. Trouver du sens, visualiser l'avenir, apprendre à développer des scénarios, planifier les étapes vers sa vision de l'avenir, tout en gardant ses objectifs à l'esprit : voilà les domaines du coaching[6] ».

Point clé

On ne s'improvise pas coach professionnel, on le devient. On peut avoir des talents, des prédispositions pour ce métier, il est tout de même nécessaire de se former. Au-delà, c'est la pratique et le coaching des pratiques, qui renforcent le professionnalisme et la compétence du coach.

2. Vivre et agir en acteur responsable : challenge ou utopie ?

Pourquoi consacrer une section de cet ouvrage à la notion de responsabilité ? Parce qu'en rendant sa pleine capacité d'action à tout individu qui se l'approprie consciemment, la notion de responsabilité individuelle et par symétrie collective – est la clef de voûte de la réussite

6. Selon Frederic Hudson.

de toute entreprise en général, et de celle de toute démarche de coaching en particulier.

Chaque individu est, en effet, baigné par toutes sortes de contextes et d'environnements dont il s'imprègne plus ou moins consciemment, intégrant progressivement des normes et des exigences familiales, sociales, culturelles ou professionnelles pour s'approcher de ce que l'on dit être un « bon » enfant, un « bon » élève, un « bon » adulte, un « bon » employé, un « bon » parent… Mais qui est ce « on » ? Quelle est l'influence de la « norme » et de l'environnement sur chacun de nous et quelle est notre propre latitude d'action par rapport à eux ?

Loin d'être anodines, ces questions renvoient au cœur des notions fondamentales de responsabilité individuelle et collective. Ne vous êtes-vous ainsi jamais demandé, en cas de crise par exemple, quelle serait votre vie si telle ou telle chose était différente, si untel ou unetelle se comportait autrement envers vous, si vous aviez la chance d'avoir tel ou tel type de parent, patron, ami, mari ou femme ?…

Acteur ou spectateur ?

Une question à vous poser : avez-vous plutôt l'impression d'être *acteur* de votre vie, majoritairement responsable de vos actes, paroles et pensées ? Ou vous sentez-vous plutôt *spectateur*, en quasi permanence soumis à des pressions, influences et obligations ?

La question est vaste, certes, mais elle est importante car la réponse que chacun y apporte, à un moment donné, à titre individuel ou à l'échelle d'une entreprise ou d'une organisation, conditionnera largement le travail d'accompagnement du coach professionnel. À la différence d'une formation magistrale – destinée à dispenser un certain nombre de savoirs et de savoir-faire préétablis avec un contrôle à court terme des connaissances acquises ; ou d'une démarche de conseil ou encore de certaines thérapies – déchargeant la personne de la recherche d'une solution par elle-même, le coaching est, en effet, une démarche active et interactive, dans laquelle les différents contractants partagent la coresponsabilité du résultat final. Une optique claire, qui place volontairement la personne au cœur du processus d'accompagnement avec la volonté affichée et partagée qu'elle soit à tout moment actrice et non spectatrice de son propre chemin.

2.1 L'acteur responsable : un changement de paradigme

Être acteur responsable représente un réel changement de paradigme, au cœur duquel se trouvent la prise de conscience de ce qu'est la responsabilité individuelle et une approche interactionnelle de toute situation.

Qu'est-ce que la responsabilité individuelle ?

Prenons un exemple de tous les jours pour mieux introduire cette notion de responsabilité. Vous êtes un habitant de la petite couronne parisienne et votre voiture est en panne depuis la veille. Vous devez prendre le RER pour vous rendre à Paris, mais vous n'avez pas de ticket. Un train est à l'approche et vous êtes tenté de passer par-dessus les barrières pour arriver plus vite à votre travail.

Au moment de faire le geste, vous vous arrêtez pourtant. Que s'est-il passé en vous ?

- Premier cas : vous vous êtes rappelé qu'un ami vous a justement dit la semaine dernière que les contrôles étaient fréquents sur cette ligne et ce n'était pas le moment pour vous d'avoir, en plus, une amende.
- Deuxième cas : vous vous souvenez d'une campagne d'affichage citant le montant annuel que la fraude coûte à la RATP et vous vous sentez coupable à l'idée d'en rajouter.
- Troisième cas : vous pensez à tous les travaux d'amélioration du quotidien des Franciliens que la RATP entreprend chaque jour et à toutes les personnes qui travaillent – de près ou de loin – sur ces lignes, et le prix du billet vous paraît alors tout à fait justifié. Vous vous réjouissez même à l'idée de contribuer à l'effort collectif.

Cet exemple pourrait paraître simpliste, il illustre toutefois parfaitement la notion de responsabilité individuelle. En effet, si les trois cas aboutissent apparemment au même résultat – l'achat du billet –, il est intéressant d'examiner le processus qui préside à cet acte.

◆ **Dans le premier et le deuxième cas, la peur et la culpabilité sont les seules motivations à l'achat du ticket.** La personne se rend au guichet, certes, mais elle le fait moins par choix propre que par soumission à la règle et aux contrôles, à la culpabilisation. L'acte d'achat est là, mais nous avons tout le loisir de penser qu'il laisse un petit arrière-goût amer d'obligation et de frustration et que, sans doute, l'humeur de celui qui en a été l'auteur s'en est trouvée affectée.

◆ **Dans le troisième cas, en revanche, la personne a conscience qu'elle n'est pas la seule concernée par les conséquences de son acte d'achat ou de non-achat de billet.** Elle sait, bien sûr, qu'en ne l'achetant pas, elle prend le risque d'avoir une amende, mais au-delà de cette conséquence immédiate, elle comprend à quoi correspond le prix du billet qu'elle s'apprête à payer. Elle entrevoit ainsi les répercussions de cette attitude, si elle était répétée par la majeure partie des usagers de la ligne, sur l'état des voies ferrées, la vie des salariés de cette entreprise, le confort des Franciliens. Replaçant cet acte citoyen dans son contexte, elle l'accepte volontiers et se dirige en toute conscience vers le guichet pour faire la queue. Bien qu'il lui fasse perdre un peu de temps, l'acte d'achat est alors posé librement, sans arrière-pensées et le cœur léger – voire enjoué – d'avoir agi en « acteur responsable ».

L'approche interactionnelle, un changement de paradigme en toile de fond du principe de coresponsabilité

Comme nous le laisse pressentir cet exemple, l'individu ne peut exercer vraiment sa responsabilité individuelle qu'à partir du moment où il passe d'une approche essentiellement centrée sur sa personne à une approche interactionnelle.

Ainsi, un acteur responsable est à la fois conscient de faire partie d'un ensemble qui l'influence et conscient qu'il influence cet ensemble par les choix qu'il fait.

Ces interactions peuvent être schématisées[7] de la manière suivante :

L'acteur responsable est conscient que « Tout est Interaction »

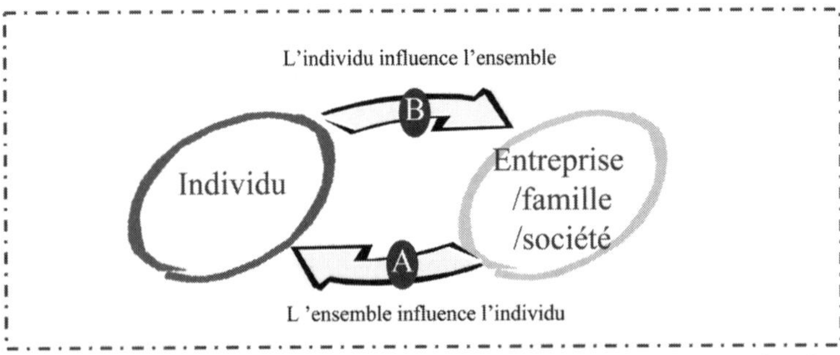

Mais revenons sur chacun des axiomes de cette approche interactionnelle pour les approfondir.

Un acteur responsable est conscient de faire partie d'un ensemble qui l'influence.

7. Schéma inspiré de l'approche systémique proposée par l'École de Palo Alto.

Que ce soit une cellule familiale, une entreprise, une société, un pays ou un continent, nous faisons tous et chacun partie d'ensembles porteurs de points de repère communs. Ces repères – langue, croyances, valeurs, traditions, coutumes – facilitent les échanges et la communication entre les différents membres de l'ensemble.

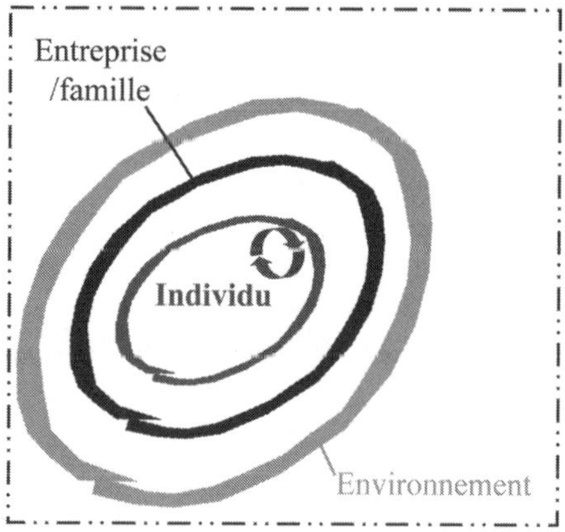

Né en France, vous parlez par exemple le français, portez les valeurs d'une République démocratique, les droits de l'homme et nombre d'autres traditions, coutumes, dont vous avez plus ou moins conscience, mais qui vous « infusent » depuis votre plus jeune âge.

Supposons maintenant que vous vous rendiez en dehors de l'hexagone pour les vacances, en Grèce par exemple. Vous remarquez très vite que nombre de vos repères se sont évaporés d'un seul coup. Les paroles des « locaux » ressemblent à une cacophonie incompréhensible, les hiéroglyphes figurant sur les panneaux de circulation ne vous indiquent plus rien et les traditions que vous observez vous semblent pour partie étrangères.

Que se passe-t-il alors pour vous ?

Vous êtes en train de faire l'expérience de la différence et, par contraste, de découvrir que l'ensemble dans lequel vous avez grandi – votre pays d'origine – a des codes, modes de fonctionnement et croyances propres, qui diffèrent pour partie des points de repère d'autres pays. Cela vous permet de prendre conscience de la paire de lunettes, que vous avez toujours portée sur le nez, au travers de laquelle vous avez quotidiennement observé le monde depuis votre plus tendre enfance sans vraiment en connaître l'existence.

Imaginons maintenant que vous décidiez de prolonger votre séjour en Grèce pour deux ou trois années consécutives. Vous en profitez pour apprendre à parler la langue, à danser le Sirtaki et côtoyez de manière intensive les « locaux ».

Cette sensation d'inconnu, de « choc » des cultures, s'atténue progressivement et de nouveaux points de repère viennent graduellement enrichir votre paire de lunettes pour finir par devenir presque naturels. Vos échanges avec les Grecs sont sans conteste facilités et vous percevez peu à peu les subtilités qui vous échappaient de prime abord. À votre retour en France, vous êtes même étonné de constater qu'un temps d'adaptation vous est à nouveau nécessaire. L'apprentissage de ces nouveaux points de repère a, en effet, modifié la vision que vous portiez sur votre propre culture avec vos lunettes d'antan et il vous faut « réapprendre », reconnaître certains codes ou réflexes de votre ensemble d'origine.

Un acteur responsable est conscient qu'il influence cet ensemble par les choix qu'il fait.

S'il est conscient de faire partie d'un ensemble – famille, entreprise, pays –, l'acteur responsable sait aussi que cet ensemble n'existe pas sans les individus qui le composent. Il sait par conséquent que, même s'il se fait l'écho de la majorité, l'ensemble ne peut ignorer les choix de ceux et celles qui le composent.

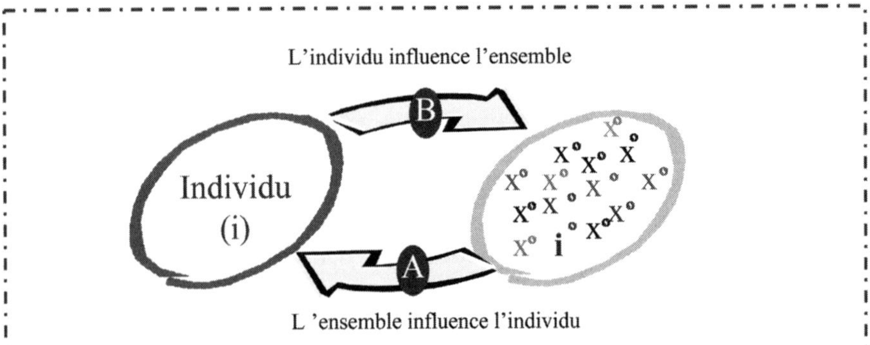

Le principe de la démocratie est une bonne illustration de l'influence que peut avoir l'individu sur la Nation. Par le vote qu'il émet lorsqu'il est consulté, chaque citoyen a le pouvoir d'influer sur la direction que prendront sa commune, sa région, son pays pour les années qui viennent et de contribuer ainsi activement à la vie de l'ensemble.

L'évolution de la langue est également révélatrice de ce double mouvement tout/partie – partie/tout. Si l'on regarde le dictionnaire référent d'aujourd'hui et qu'on le compare à son équivalent un siècle plus tôt, nous noterons à l'évidence des évolutions marquées, fruits de l'usage et des changements de société.

Acteur responsable et coresponsabilité : de la réactivité à la proactivité

Ce double mouvement individu/environnement, environnement/individu correspond tout à fait à la philosophie du coaching, en cela qu'elle pose l'individu comme coresponsable de ce qui lui arrive. Une coresponsabilité lourde de conséquences puisqu'elle fait passer la personne coachée d'une vision le plus souvent réactive : « le problème vient de l'extérieur, je n'y peux rien », à une vision proactive : « j'ai une part de responsabilité dans ce qui m'arrive ».

Ainsi, comme le souligne Paulo Coelho dans *L'Alchimiste* en parlant du berger après qu'il a été dépouillé de l'intégralité de l'argent qu'il avait chèrement gagné : « " Il eut soudain le sentiment qu'il pouvait regarder le monde soit comme la malheureuse victime d'un voleur, soit comme un aventurier en quête d'un trésor. Je suis un aventurier en quête d'un trésor ", songea-t-il avant de sombrer, épuisé, dans le sommeil »[8].

Pour le coach professionnel, tout individu peut choisir d'être un aventurier en quête d'un trésor et construire ainsi la vie qu'il rêve d'avoir. Il lui suffit, pour cela, de poser sur ce qui l'entoure un regard d'acteur responsable. Miroir bienveillant, sans attentes ni jugements, compagnon de route et non maître à penser ou donneur de conseils, le coach professionnel peut alors représenter un facilitateur avisé.

8. Paulo Coelho, *L'Alchimiste*, Le livre de poche, 2001.

La relation coach/client : un minimum trois systèmes en jeu !

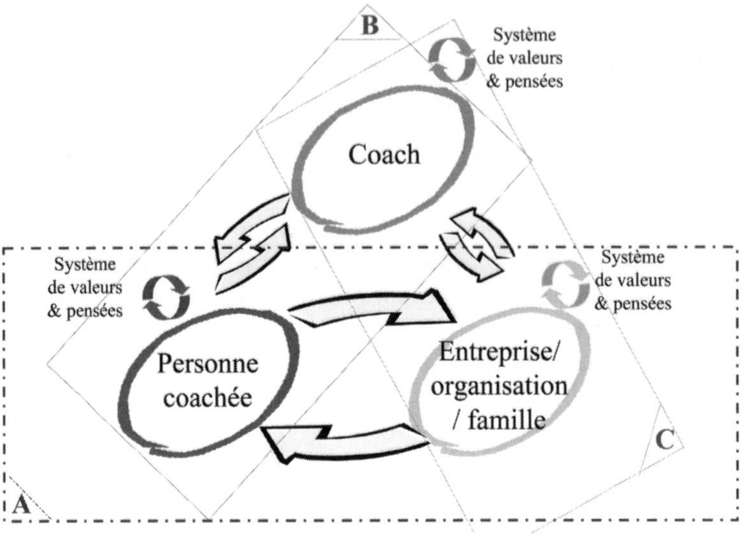

Intervenant à la demande de la personne coachée – ou d'une tierce personne avec l'accord explicite de la personne concernée –, le coach professionnel offre ainsi une présence attentive, un questionnement précis et affûté, accompagnant la personne coachée vers plus de conscience et plus de confiance pour ouvrir les possibles et faciliter les décisions, tout en s'assurant à chaque instant que son client garde à l'esprit qu'il est l'acteur principal de son cheminement et de ses choix.

De l'intérêt du coach professionnel, incubateur de responsabilité individuelle et de responsabilité collective

Pour cela, le coach professionnel accompagne la personne coachée à travers trois étapes successives :

- étape 1 : dresser un panorama « grand angle » ;
- étape 2 : plonger dans l'océan des possibles ;
- étape 3 : passer effectivement à l'action.

Prenons un exemple pour illustrer plus concrètement ces trois étapes : Pierre, un cadre dirigeant, installé et fort reconnu pour ses compétences dans sa structure d'origine, est dépêché en urgence dans une autre filiale du groupe en grande difficulté. Deux mois et demi après son arrivé, Pierre paraît préoccupé, en baisse de régime et un peu démotivé. Ses capacités d'innovation semblent s'être émoussées et sa confiance s'en trouve affaiblie. Désorienté, de plus en plus isolé, et

Au deuxième regard, accompagné des questions bienveillantes mais perçantes de son coach, Pierre perçoit toutefois les limites de ces trois possibles. Après le premier soulagement de la perspective d'action, il se rappelle en effet que ses choix n'impliquent pas que lui, et qu'en tant que dirigeant, il a – que cela l'arrange ou non – des responsabilités envers les employés de la filiale.

Ajouter un nouveau changement de direction à tous les messages entendus par les salariés depuis des mois en partant sur un coup de tête sans, au préalable, se trouver de remplaçant lui semble alors impensable.

Possibilité plutôt radicale également, changer de collaborateurs pour se faciliter la tâche ne lui semble pas non plus envisageable. L'ambiance générale et le nombre trop faible de ses appuis ne le lui permettent pas, la mesure ne serait pas comprise et risquerait de mettre le feu à l'entreprise – déjà bouillonnante.

Le troisième possible, serait quant à lui le plus pertinent pour sa structure d'accueil. Mais, pour avoir déjà sacrifié trop d'énergie à de tels comportements par le passé, il sait que cela lui coûterait trop par rapport au peu de tranquillité qu'il gagnerait !

En l'amenant à réexaminer sa carte relationnelle et les jeux d'acteurs en situation, son coach l'encourage alors à faire jouer sa créativité. Et ses encouragements portent leurs fruits. Pierre, réconforté dans sa confiance, se tourne alors vers son coach. En observant plus en détail les jeux de pouvoirs et d'interactions, il comprend qu'il pourrait peut-être trouver un appui pour sa vision en la personne de Patrick, un expert-terrain particulièrement reconnu de tous et apprécié pour ses talents de communiquant. Patrick semble d'ailleurs très proche de Florian, la personne la plus réticente de l'équipe. Pierre a le privilège de l'avoir connu dans le passé, alors qu'il n'était qu'apprenti commercial…

Que s'est-il alors passé ?

Pierre a identifié le cercle non vertueux de sa relation à la filiale – et en particulier à Florian :

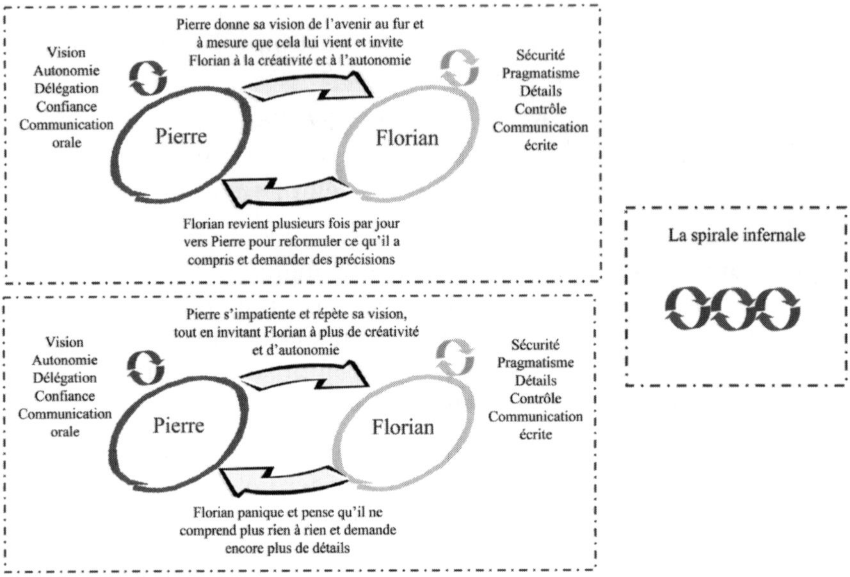

Il a trouvé un autre possible pour sortir de la spirale épuisante pour chacun. Comme il l'avait vécu avec son coach, Pierre a trouvé un tiers interne pour neutraliser certains parasitages entre lui et Florian. Ce faisant, il est sorti de la spirale « infernale ».

> *Quelles conclusions tirer de l'étape 2 ?*
>
> Puisqu'il sait qu'il est coresponsable de la situation qui lui pose problème, l'acteur responsable sait qu'il est aussi le coresponsable de sa résolution puisqu'il peut faire des choix.
>
> Dans un premier temps, l'ouverture des possibles « sans contraintes » lui permet de prendre le recul, le bol d'air nécessaire pour regagner confiance ;
>
> En acteur responsable, il passe ensuite l'océan des possibles au crible des conséquences de ces choix non seulement sur sa vie, mais aussi sur son environnement, avant de trancher pour ne pas s'arrêter au seul choix de facilité.

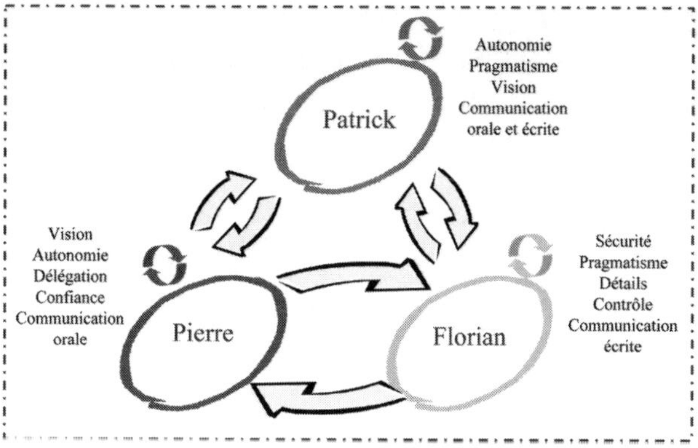

◆ **Étape 3 : passer effectivement à l'action**

La prise de conscience des interactions, puis de la boucle infernale permet d'envisager d'autres possibles. Mais entre les intentions et l'action reste encore un grand pas à franchir : celui de la mise en mouvement.

Cette mise en mouvement demande une certaine quantité d'énergie et un certain courage.

Comme le marchand de cristaux dans *L'Alchimiste*, nous pouvons en effet rester des années à rêver de La Mecque sans jamais y aller. D'abord persuadé qu'il lui faut plus d'argent pour voyager – même si entre-temps, des personnes, de loin plus pauvres que lui, ont visité sa boutique sur le chemin de La Mecque, fiers de réaliser leur rêve –, puis prisonnier de sa réussite et de ses cristaux – puisqu'il ne parvient pas à trouver quelqu'un de confiance pour veiller sur eux en son absence –, il renonce peu à peu à passer à l'action, à réaliser son rêve et préfère rester dans le connu pour ne pas risquer d'être déçu.

Dans notre exemple, Pierre doit accepter de lâcher certaines de ses peurs, certaines de ses habitudes et de revoir à la baisse ses plans d'action pour respecter la culture et les rythmes de la structure qu'il a intégrée, tout en gardant le cap pour ne faire que des compromis qui respectent ses objectifs et sa propre vision du monde – sous peine de se démotiver lui-même.

Même s'il a trouvé un possible pour mettre fin à la boucle interactionnelle négative avec Florian, cela prendra du temps. Il devra faire preuve de conviction et de tact pour mettre en place les conditions favorables à la collaboration de Patrick et de Florian. Enrôler Patrick sans démotiver Florian, accepter de perdre un peu de temps au début pour en gagner ensuite, communiquer de manière adaptée à la culture d'entreprise tout en restant lui-même sont autant d'enjeux consommateurs d'efforts et de temps, qui pourraient entamer l'élan d'action de Pierre. Pour s'engager effectivement dans la mise en œuvre de la solution trouvée, Pierre devra donc se rappeler à chaque instant pour quoi – et pour qui – il fait cela.

> *Quelles conclusions tirer de l'étape 3 ?*
>
> C'est l'accès au sens – la réponse aux questions « pour quoi ? », « pour qui ? » –, qui nous fait passer d'une adaptation par la soumission à une adaptation par l'action, garantissant ainsi la « perdurance » de l'élan intérieur et nous donnant le courage de lâcher prise sur certaines de nos croyances et d'aller de l'avant, de nous mettre en mouvement sans craindre l'inconnu.

2.2 Opportunités et enjeux de la responsabilité individuelle et collective

L'accès au sens est ce qui caractérise l'acteur responsable, en le faisant passer d'une vision centrée sur sa seule personne à une vision interactionnelle, de contribution au monde et à quelque chose de plus grand que lui.

> Pour reprendre la métaphore de Peter Drucker[9], le tailleur de pierres qui, à la question du passant, répond : « Je creuse un trou », n'aura sans doute pas la même motivation à l'action, le même enthousiasme et la même joie à exercer son métier que le tailleur de pierres qui répond : « Je construis une cathédrale. »
>
> Dans le premier cas, l'acteur n'a pas conscience de l'ensemble, ni de sa contribution à l'édifice spectaculaire qu'est une cathédrale ; dans le second cas, la cathédrale brille déjà dans les yeux de celui qui y participe et cela lui donne un élan formidable.
>
> Toute la différence se situe ainsi dans le regard que l'individu responsable porte sur le monde, qui lui confère une joie de vivre, une autonomie et une capacité d'action démultipliées.

Prenons un exemple pour illustrer notre propos… Sylvie est une jeune cadre dynamique au parcours spectaculaire, couronnée de succès dans de grands groupes internationaux. Acheteuse renommée, elle a fait le tour du globe à la recherche de matières premières intéressantes et de prix toujours plus compétitifs.

Alors qu'elle séjourne pour une très courte durée en Inde, elle se casse une jambe et doit être immobilisée pour quelques semaines dans un hôpital local. Alitée et sans grande occupation autre que de parler avec sa voisine de chambre – une Indienne de classe moyenne supérieure, ayant étudié en Europe –, elle découvre une culture intrigante

9. Repris pas Vincent Lenhardt dans *Les responsables porteurs de sens*, Insep Consulting, 2002, p. 94.

et riche sur laquelle elle n'a jamais vraiment pris le temps de se pencher, malgré ses nombreux voyages d'affaires dans ce pays.

Devant le courage de cette femme, ayant choisi de quitter sa famille, assez aisée, pour se marier à un homme de caste inférieure et aider les autres femmes de son village, elle se trouve interpellée sur sa vie et ses choix. De retour en France, elle traverse une vraie crise de démotivation.

Constatant ce passage à vide, la responsable des ressources humaines, soucieuse de faire son possible pour garder ce haut potentiel, lui propose un accompagnement avec une coach, qu'elle accepte avec enthousiasme.

Au cours de l'accompagnement, elle se rend compte que les fondamentaux de son métier lui conviennent : elle apprécie le voyage, la nouveauté, le contact avec d'autres pays, les challenges… Mais quelque chose lui manque.

Jusque-là, elle ne s'était posé aucune question et avait toujours relevé les défis qui lui étaient lancés – elle avait d'ailleurs gagné nombre de concours internes –, mais aujourd'hui, elle se sent « en panne » et ne sait plus dire après quoi elle court. Ces voyages, cette course perpétuelle du meilleur prix commencent à lui peser de plus en plus. En parlant avec cette jeune femme à l'hôpital, elle a soudain pris conscience du peu qu'avait pour vivre la majeure partie de la population des pays qu'elle côtoyait et cela change beaucoup de choses à ses yeux. Elle ressent le besoin d'agir.

Sa première réaction, à chaud, est de démissionner pour s'engager dans une association humanitaire et courir le monde pour de « vraies » raisons. Elle songe aussi, à l'extrême inverse, à changer de métier pour être plus présente à la maison et plus investie dans la vie de quartier et de l'école de ses enfants.

Laissant libre court à son imagination, elle émet également l'idée de créer sa propre entreprise pour offrir des débouchés aux tissus créés dans le village de cette femme indienne – avec laquelle elle garde des contacts rapprochés. Mais aucune de ces ouvertures ne lui convient vraiment. Elle n'est pas prête à un engagement moyen/long terme, qui la conduirait à « s'exiler » pour de longues périodes loin de ses amis et de sa famille. Elle n'est pas prête, non plus, à cesser tout déplacement au risque de s'ennuyer si près de chez elle. Et l'idée de se retrouver seule pour une aventure telle que la création d'une entreprise en partant de zéro l'effraie un peu trop.

Au fil de l'échange, relancée avec pertinence et bienveillance par sa coach, le regard de Sylvie s'éclaire. Elle a trouvé son projet. Elle n'aura ni à quitter son entreprise, ni à changer totalement de style de vie ni de rythme… Elle va convaincre sa société de lancer une ligne « commerce équitable » en réponse aux nouvelles attentes de certains consommateurs.

Le challenge est grand dans une entreprise jouant la course aux compétiteurs et aux prix bas, mais elle veut essayer. Motivée par cette décision devenue « évidente », elle se lance dans la rédaction d'un business plan et d'un plan d'action, accompagnés d'une stratégie de positionnement et de communication pour se trouver des alliés dans son propre groupe.

Devant son enthousiasme et sa détermination, les portes s'ouvrent et les étapes de décision s'accélèrent. En quelques mois, le projet voit le jour et Sylvie fait son premier voyage en Inde au service de cette nouvelle ligne produit.

De cet exemple, nous pouvons tirer une première série d'avantages et de défis dans l'exercice de la responsabilité individuelle.

2.3 Être acteur responsable : les avantages

Agir en acteur responsable présente de nombreux avantages, tant pour l'individu acteur, que pour l'entreprise qui l'emploie ou – plus largement pour la société dont il fait partie.

Les avantages pour l'individu

En prenant conscience qu'elle fait partie d'un ensemble – le monde –, avec ses inégalités et ses enjeux, Sylvie prend aussi conscience de la place qu'elle peut, si elle le décide, prendre dans l'ensemble – et dans l'entreprise dans laquelle elle travaille en particulier. Elle trouve, par conséquent, un sens à ce qu'elle fait.

Ce sens trouvé, elle gagne en motivation, en capacité d'action et d'entraînement. Comme le dit le vieil homme dans *L'Alchimiste*: « Lorsque tu veux vraiment quelque chose, tout l'Univers conspire à te permettre de réaliser ton désir[10]. »

Décidée à s'engager pleinement dans son projet jusqu'à ce qu'il aboutisse – parce qu'il résonne avec ses valeurs et aspirations profondes, et contribue à enrichir l'ensemble –, Sylvie est alors capable d'une créativité sans borne et son enthousiasme démultiplié suscite le respect – voire l'admiration – ainsi que l'adhésion.

Devant sa détermination, les obstacles semblent « fondre comme neige au soleil » et rien ne semble pouvoir l'arrêter. Animée par son projet, Sylvie sait en effet mobiliser toutes ses ressources – y compris le réseau qu'elle a construit pendant ses années de travail – et trouver les arguments adaptés pour convaincre son entourage – personnel et professionnel – de

10. *Op. cit.*, p. 67.

l'aider. Plus elle y croit, plus elle rayonne, et plus elle rayonne plus les choses avancent à pas de géants, alimentant sa détermination.

Les avantages pour l'entreprise

Cet exemple nous démontre la formidable force de proposition et d'action que représentent les acteurs responsables pour leur entreprise. Parce qu'ils sont acteurs autonomes, engagés et prêts à s'investir dans leurs projets, ils confèrent une adaptabilité accrue à leur entreprise. Ainsi, forte de ses composantes créatives et très à l'écoute de leur environnement, l'entreprise est à même de capturer de nouveaux marchés – tel le marché du commerce équitable pour l'entreprise de Sylvie.

Parce qu'elle a favorisé l'engagement responsable de son employée, cette entreprise pourra s'attendre à attirer des profils du même type, qui viendront accroître son dynamisme et sa capacité d'adaptation à un monde en mutation permanente très demandeur d'innovation.

Enfin, à l'instar de Sylvie, parce que les individus qui la composent sont plus motivés, plus enthousiastes et plus moteurs, l'entreprise responsable gagne en qualité et ambiance de travail et connaît par conséquent des déperditions d'énergie – conflits, mauvaise circulation des informations et/ou stress environnant – moindres qu'ailleurs.

Pour l'acteur responsable	Pour l'entreprise
– **Accès au sens :** capacité d'action démultipliée. – **Vision de sa place dans l'échiquier et des leviers d'action possibles :** plus d'engagement et exploitation de ses talents. – **Autonomie :** plaisir de savoir que l'on peut faire ses choix. – **Créativité :** capacité d'adaptation par l'action à la capacité d'action par la soumission. – **Enthousiasme :** savoir motiver les autres autour de ses projets et susciter leur adhésion.	– **Des acteurs plus autonomes, plus créatifs et plus engagés :** forces de proposition et d'action, plus de dynamisme dans les projets. – **Plus grande adaptabilité et plus de prise d'initiative.** – **Plus de fiabilité et moins de perte de temps.** – **Meilleure ambiance et plus de motivation :** moins de déperditions d'énergie.

2.4 Être acteur responsable : les défis

Agir en acteur responsable présente, nous l'avons vu, de nombreux avantages. Toutefois, cela implique également quelques défis tant pour l'acteur responsable lui-même que pour la structure – et plus largement la société – dont il fait partie.

Les défis pour l'individu

L'un des plus grands défis de tout individu – même s'il n'en est pas toujours conscient – est de devoir gérer en permanence deux élans intérieurs très forts et quelque peu paradoxaux, découlant des interactions permanentes qu'il a avec son environnement.

D'un côté, il pressent qu'il ne peut vivre seul, isolé. Il ressent le besoin de faire partie de l'ensemble, d'être accepté et reconnu – et comprend vite que, pour cela, il doit se conformer sur certains points à ce qui est de mise, à la « norme », aux attentes de la famille, de l'entreprise et de la société dans laquelle il évolue.

Et d'un autre, il a besoin de pouvoir exprimer ce qu'il est, tel qu'il est et d'avoir un espace de liberté et d'action suffisant pour se sentir vivre, exister.

Maintenir un équilibre entre sécurité et autonomie

Face aux besoins de sécurité et d'autonomie concomitants, trois attitudes sont possibles :

– privilégier la sécurité et se fondre dans la masse ;
– tenter d'ignorer les influences extérieures et vivre en quasi-autarcie – au sein d'un cercle réduit par exemple – pour limiter au maximum les échanges avec le reste du monde ;
– accepter de faire partie de l'ensemble sans pour autant se noyer en lui, c'est-à-dire prendre plaisir à participer à la vie de cet ensemble, tout en restant proactif, acteur de ses choix.

De ces choix, découle un certain nombre de conséquences :
– dans le premier cas, il devra taire certains de ses élans pour épouser la volonté du plus grand nombre ;
– dans le second, il devra accepter de perdre le lien avec le monde qui l'entoure ;
– dans le troisième, il devra avoir le courage d'affirmer ce qu'il est, tout en acceptant un certain nombre de compromis – sans compromission – pour maintenir le lien.

En tant que coach professionnel, c'est cette troisième attitude que nous cherchons à privilégier et c'est en référence à cette dernière que nous parlons « d'acteur responsable » ou d'exercice de la responsabilité individuelle.

Lorsqu'il accède au sens, l'individu trouve un élan intérieur démultiplié pour mettre en place ses nouveaux repères, mais ceux-ci impliquent de nouveaux comportements et de nouvelles interactions avec son environnement, qui peuvent parfois entraîner quelques réactions et une certaine fragilisation transitoire.

Pour reprendre notre exemple, Sylvie a pu surprendre son entourage. Ses collègues, habitués à la voir se battre contre vents et marées pour décrocher les meilleures conditions d'achat pour son entreprise, ont ainsi pu – dans un premier temps – douter de son nouveau discours en faveur du respect d'un certain équilibre entre l'acheteur et le vendeur – voire même le tourner en dérision pour se protéger eux-mêmes dans leurs propres convictions. Sylvie a dû trouver le courage d'affronter ces remises en question pour garder sa propre cohérence. Elle a progressivement trouvé les mots et les arguments pour démontrer le bien-fondé de son approche et mettre en balance les avantages de cette attitude par rapport à sa position d'antan.

Garder sa motivation et savoir communiquer ses nouveaux repères

Parce qu'il offre un espace de sécurité, dans lequel la démarche des essais/erreurs est possible sans grandes conséquences, l'accompagnement en coaching renforce cette motivation intérieure en donnant confiance à celui qui la porte. Avec l'aide de son coach, la personne accompagnée peut, en effet, tester sa nouvelle carte du monde et trouver des repères de communication assez solides pour ne plus craindre de retour en arrière.

Les défis pour l'entreprise

Pour faire face aux nombreux défis de son environnement caractérisé par la vitesse, la compétition et l'accélération, l'entreprise a besoin d'acteurs responsables, autonomes et créatifs, capables de s'adapter aux changements de plus en plus fréquents et profonds. Ces profils engendrent toutefois certains défis pour la structure qui les accueille.

Aller plus loin que « la carotte et le bâton »

Parce qu'ils ont besoin d'accéder au sens de leur travail, de leurs actions, les acteurs responsables sont en effet très demandeurs en autonomie, responsabilités et latitude d'actions. Qu'on essaie de les motiver par les seuls processus classiques de la « carotte et du bâton » – prime, compliments, augmentation de salaires ou contrôles et réprimandes – et leurs motivation et capacité d'action et d'innovation s'évaporent à vitesse grand V.

L'entreprise responsable – pour bénéficier pleinement des avantages énoncés plus haut – doit accepter de miser sur d'autres leviers de motivation et de s'occuper réellement du développement individuel des acteurs qui la composent, en créant les conditions favorables à leur épanouissement. Elle pourra, par exemple, veiller à communiquer avec le plus de transparence possible.

De la sorte, chacun – quel que soit son niveau hiérarchique – partagera la même vision, les mêmes objectifs et aura une visibilité claire des interactions qu'il/elle a avec le reste de l'entreprise et de ce que représente sa contribution pour l'ensemble dont il fait partie.

Elle cherchera également – dans la mesure du possible – à favoriser des modalités de management participatif et à mettre en place des processus internes adaptés pour reconnaître, apprécier et valoriser les compétences et talents de ses collaborateurs.

2.5 Les enjeux de la coresponsabilité pour le coach

Premier concerné par le principe de coresponsabilité qu'il pose en préalable à tout accompagnement, le coach professionnel se doit, par soucis de cohérence, d'accorder son « dire » et son « faire ».

Le coach professionnel : un acteur responsable

Être acteur responsable signifie, notamment, pour un coach professionnel être formé, être conscient de ses compétences et de ses limites, et faire preuve d'une déontologie réfléchie et solide.

Un professionnel formé et compétent

Conscient des enjeux personnels et/ou professionnels afférents au travail qu'il propose à ses clients – pour avoir lui-même traversé le processus et pour continuer de l'expérimenter lors de ses séances de coaching sur sa pratique professionnelle[11] et de développement personnel –, il est au clair avec ses qualités et compétences, limites et possibilités, et se soucie d'enrichir régulièrement ses savoir-faire et connaissances par une formation continue appropriée.

Savoir reconnaître ses limites

Si les besoins de son client dépassent ses compétences ou cadre d'intervention, il n'hésite pas à lui suggérer de s'adresser à l'un de ses pairs ou à une personne compétente dans le domaine concerné – thérapeutique par exemple.

11. Voir Protection et cadre juridique, p.124.

Un professionnel conscient et responsable

Conscient de son rôle et des responsabilités qui en découlent, il est avisé des enjeux de pouvoir attenant à toute démarche d'accompagnement.

Accompagner

Compagnon de route et non conseil ou maître à penser, il différencie clairement le « pouvoir sur » du « pouvoir pour »[12] et veille à laisser son client aux commandes de sa vie, de ses choix et de ses actions – sans pour autant tomber dans la complaisance.

Un professionnel doté d'une déontologie réfléchie et solide

Attaché à une déontologie solide[13], fruit d'une réflexion personnelle et professionnelle régulièrement renouvelée, il est particulièrement attentif à être, à tout moment, respectueux de la personne cliente et de ses engagements contractuels et sait, en cas de besoin, faire appel à un de ses pairs et/ou à son superviseur pour prendre du recul.

Respecter la confidentialité

Conscient et responsable, il s'engage également à ne diffuser aucune des informations recueillies sous le sceau de la confidentialité lors des entretiens, sans avoir eu au préalable l'accord explicite de l'intéressé, que ce soit sur demande d'un tiers – signataire ou non du contrat d'accompagnement – ou – pire – pour servir son intérêt personnel.

Le coach professionnel : un incubateur de responsabilité individuelle et collective

Soucieux de placer en permanence la personne coachée au centre de son accompagnement – qu'il s'agisse d'une demande individuelle ou d'une demande émanant d'un tiers (proposition faite par un manager ou un DRH en entreprise par exemple), le coach professionnel s'attache, avant toute autre chose, à vérifier le niveau d'engagement de son client dans la démarche.

---

12. François Delivré, *Le Métier de coach*, Éditions d'Organisation, 2004.
13. Il affiche par exemple clairement son affiliation à la charte de déontologie des coachs de la FFCPro (Fédération francophone de coachs professionnels).

Un double engagement coach/coaché

Pour s'assurer du niveau d'engagement de son client, le coach doit poser clairement le principe de coresponsabilité comme fondement essentiel du travail et le pose d'emblée dans l'accompagnement au travers de la présentation des rôles de chacun et du processus de codéfinition de l'objectif.

Le principe de coresponsabilité : des rôles d'emblée clairement identifiés

Garant du processus, des règles du jeu, de la définition claire et du respect du contrat, le coach professionnel s'engage à mettre en œuvre tous les outils et savoir-faire nécessaires au bon déroulement et à l'avancée des séances vers un objectif défini en consensus par les différents contractants.

L'importance de l'attitude du coaché

Actrice principale de l'expérimentation et de la mise en pratique dans son quotidien, la personne accompagnée est, quant à elle, invitée à prendre conscience de l'influence de son attitude sur la réussite de l'accompagnement et s'engage à participer pleinement et activement à la démarche proposée.

Dans le cadre d'un contrat tripartite[14], l'entreprise – représentée par le DRH ou le manager – est présente pour la définition de l'objectif en début de coaching et pour le bilan en clôture de la démarche. Elle assure ainsi la personne coachée du soutien de son entreprise tout en s'engageant, devant elle, à respecter la confidentialité des entretiens – gage naturel de l'établissement d'une relation de confiance coach/personne coachée et, par conséquent, de l'efficacité du processus.

Le principe de coresponsabilité : un objectif partagé et engageant

Les rôles de chacun clairement exposés et compris, le coach professionnel s'assure ensuite que le processus de définition de l'objectif, premier jalon de tout accompagnement, s'en fasse directement l'écho. Il incite, pour cela, chacune des parties en présence à respecter les règles du jeu et réaffirme sa volonté d'être en « pouvoir pour » – et non en « maîtrise de » – la personne coachée.

14. Voir « Peut-on s'autoproclamer coach ? », p. 118.

Une démarche participative

Participant de l'expérimentation directe du principe fondamental de coresponsabilité, cette étape de définition de l'objectif du coaching permet, en effet, à la personne cliente de prendre conscience que loin d'être soumise à un programme de formation préétabli, choisi par un tiers et délivré « clefs en main », elle participe pleinement de son cheminement.

Consultée et écoutée sur ce repère fondamental à partir duquel la démarche sera évaluée en fin de parcours, au clair avec les termes d'un contrat co-élaboré et porteur de sens pour les différentes parties prenantes, elle pourra ainsi plus aisément assumer la part de responsabilité qui en découle.

Le principe de coresponsabilité : un bilan planifié d'emblée

Professionnel avisé, transparent sur l'ensemble du processus et sur le cadre de son intervention, le coach professionnel connaît la nécessité de poser des jalons clairs et prévoit, notamment, un bilan en fin de parcours. Ce faisant, il indique à la personne coachée et au représentant de l'entreprise qu'aucune information sur le contenu des séances ne sera reportée à quiconque en cours de processus, sauf souhait explicitement formulé par la personne coachée d'un point intermédiaire – en cas de changements unilatéraux des données de départ par exemple.

De la coresponsabilité à la responsabilité individuelle

En posant le principe de coresponsabilité comme clef majeure de la réussite de toute démarche de coaching, le coach professionnel est un incubateur conscient de responsabilité individuelle et collective.

Permettant ainsi à la personne de passer d'une vision centrée sur elle-même – plutôt réactive – à une vision interactionnelle et responsable, il favorise l'expérimentation de la proactivité dans un espace sans risque où le principe d'essais/erreurs est encouragé et accompagné.

Ce faisant, il mise sur le fait, qu'ayant goûté aux avantages de cette vision du monde – même si elle s'accompagne également d'enjeux –, la personne accompagnée aura de fait un pied dans le cercle vertueux de la responsabilité individuelle et osera plus facilement exprimer sa pleine capacité de choix et d'action dans d'autres contextes, participant ainsi consciemment de son propre épanouissement et de l'évolution de sa famille, de son entreprise et de la société tout entière.

Ainsi ce manager, débordé et stressé, au bord du divorce ou de la démission, persuadé que son N + 1 était seul responsable de ses malheurs a-t-il, par exemple, pris conscience de sa part de responsabilité dans le processus.

Capable, au fil des séances, de prendre du recul et de mesurer les conséquences de son incapacité à dire « non », ce cadre très perfectionniste et volontaire a pu lâcher prise et déléguer un certain nombre de dossiers à ses équipes, de façon à pouvoir se concentrer sur ses priorités et dégager suffisamment de temps pour anticiper et ne plus être constamment dans la gestion de l'urgence...

Responsabilisé dans l'atteinte de son objectif et la mise en œuvre de « petits pas » successifs pouvant lui permettre de rester tout aussi performant sans y laisser sa santé, sa famille et tout son temps libre, ce manager a été si convaincu par son accompagnement qu'il a, quelques mois plus tard, mis en place une démarche de coaching d'équipe pour passer progressivement et durablement d'une « culture de la pression et de la présence » à un « management par objectifs » plus responsabilisant et plus satisfaisant.

Une expérience parmi d'autres, qui montre bien l'intérêt et la portée d'un coaching professionnel, incubateur de responsabilité individuelle et d'efficacité personnelle et collective...

3. Apporter des résultats

Si, aujourd'hui, quelque 60 % des entreprises reconnaissent les bénéfices qu'elles peuvent retirer du coaching, ce n'est sans doute pas par hasard. Après avoir établi que le coaching ne résulte pas d'un effet de mode éphémère, de plus en plus de managers décident de le faire entrer dans leur panoplie d'aides à la direction d'entreprise, au même titre que les autres services destinés à les seconder pour conduire à bien leurs stratégies, ou pour y voir plus clair dans la réalisation de leurs objectifs professionnels.

Avant d'adopter le coaching comme un outil de management, les chefs d'entreprises sont en droit de se poser différentes questions sur la rentabilité de ce type d'investissement, comme ils le feraient en préalable de toute décision de dépense.

Ils peuvent aussi se demander comment fonctionne cette démarche qui relève davantage de l'action psychologique que de la gestion des stocks ou de l'étude de leur bilan annuel. Certains s'en remettent à leur DRH, dont *a priori* ils considèrent que c'est le domaine. Mais, de plus en plus fréquemment, les dirigeants en font eux-mêmes l'évaluation en posant des questions pratiques, avant que d'approuver les suggestions des spécialistes des relations. Leurs interrogations les plus fréquentes correspondent évidemment une fois de plus aux traditionnels « qui ? – quoi ? – comment ? – pourquoi ? », auxquels vient s'ajouter la plupart du temps un « pour qui ? ». Et à cette occasion, beaucoup se disent : « Et si je commençais par moi-même, rien que pour voir comment ça marche ? »

Plus prosaïquement, nous nous proposons ici de répondre de façon pratique à cette curiosité légitime en traitant les différentes questions :

– est-ce que ça marche ?
– comment ça marche ?
– qui constate que ça marche ?
– le coaching peut-il faire l'objet de résultats économiques mesurables ?

3.1 Le coaching, ça marche

Oui, le coaching ça marche, mais ça ne marche pas n'importe comment. « Quand on ne sait pas ce qu'on cherche, disait Claude Bernard, on ne sait pas ce qu'on trouve. » La première démarche avant d'entreprendre un coaching est bien entendu de définir de façon claire ce qu'on en attend par rapport à l'objectif qu'on s'est fixé ou à la résolution d'un problème qui nous préoccupe.

C'est à partir des caractéristiques mêmes du but ainsi projeté qu'il sera possible de définir des critères permettant d'en évaluer les résultats une fois le coaching achevé.

Pourquoi le coaching ?

Chaque année, le SYNTEC (Syndicat de conseils en évolution professionnelle), dont 16 des 17 membres pratiquent le coaching, publie un inventaire des principales situations qui, selon les sondés, constituent les raisons les plus fréquemment rencontrées qui font préférer le coaching à toute autre solution d'aide à la formation et au développement.

On trouve ainsi, dans un ordre décroissant, les préoccupations suivantes :

– amélioration du leadership, élargissement des responsabilités ;
– amélioration du fonctionnement de l'intéressé avec son équipe ;
– prise de poste ;
– accompagnement sur un enjeu fort ;
– accompagnement des changements dans l'entreprise ;
– changement de poste ;
– développement de carrière ;
– développement à l'intérieur du poste.

De plus, lorsque les participants donnent leur avis sur la façon dont ils considèrent cet investissement en termes financiers, ils déclarent majoritairement qu'il s'agit pour eux d'un investissement à long terme et estiment que la démarche concerne autant l'ensemble de l'entreprise que les individus coachés.

Le coaching, un nouvel atout du manager

Aujourd'hui, pratiquement tous les DRH connaissent le coaching et le pourcentage de ceux qui en ont une idée très précise augmente année après année. De plus en plus utilisé dans des contextes difficiles, **le coaching représente un renforcement des capacités managériales dans les situations à fort enjeu**.

L'aptitude la plus appréciée chez le coach est la qualité de son écoute et les trois compétences techniques les plus attendues sont les relations interpersonnelles, le management et la psychologie.

Si l'on s'en tient à ces études, il semble que le coaching « ça marche », en effet. Les « satisfaits », qu'ils le soient « très », « assez », ou « satisfaits » tout court, totalisent plus de 90 % des sondés.

Pourquoi les participants de ces sondages se sont-ils déclarés contents ? La raison essentielle est qu'ils avaient atteint globalement les objectifs qu'ils s'étaient fixés, pour eux-mêmes ou pour telle ou telle partie de leur personnel, qu'il s'agisse de développement psychologique et comportemental, ou encore de performances matérielles. Ils n'avaient pas cherché à en mesurer de façon précise les autres avantages éventuels.

Or nous verrons plus loin que, s'il est toujours gratifiant d'apprécier de façon plus ou moins subjective les effets positifs du coaching, il est également souvent possible d'en mesurer les retombées économiques. Sans parler de ses effets à long terme qu'on ne relie pas toujours au coaching. Certaines conséquences bénéfiques se manifestent en effet pendant des années, à la suite d'une démarche qui aura duré seulement quelques mois. La plupart du temps, soit cette démarche aura été oubliée, soit plus simplement le rapprochement avec le coaching n'aura pas été évoqué.

Lorsqu'un dirigeant exprime l'intention de se faire accompagner par un coach professionnel, c'est qu'il a le plus souvent besoin de régler un problème technique dans le cadre de sa fonction, ou bien qu'il souhaite atteindre un objectif en particulier (une prise de nouvelles responsabilités, par exemple), ou encore qu'il se trouve aux prises avec un conflit dont il ne voit pas bien la solution.

Le coaching, accompagnateur du changement...

Dans les cas où il ne s'agit pas d'une problématique personnelle, le dirigeant fait appel au coaching dans la perspective d'améliorer les performances de ses troupes, de les remotiver, de les faire rebondir après une période de difficultés, de les convaincre d'adopter une nouvelle organisation, etc.

Sans pour autant devenir coach lui-même, son rôle va être de suivre personnellement l'évolution envisagée.

Le programme de coaching sera donc façonné sur mesure pour aider le responsable à confirmer le bon diagnostic, définir l'objectif qui en découle et assurer le suivi d'un plan d'actions. Le coach va fournir aux coachés des outils leur permettant de faire émerger des solutions aux différents problèmes qu'ils rencontrent, et non du conseil. Dans l'activité de conseil, le consultant transmet ses connaissances à son client sous forme de recettes, alors que le coach donne à ce même client les clés pour qu'il trouve lui-même les bonnes réponses aux « bonnes questions » qui lui sont posées.

Du comité de direction à la réunion de production, en passant par l'assemblée des actionnaires ou la confrontation syndicale, le dirigeant d'entreprise a sans cesse l'occasion d'exposer ses vues et celles de la société, afin de convaincre ces différents groupes de leur bien-fondé.

Quant aux managers qui assurent les relais aux différents niveaux hiérarchiques en fonction du style et de la taille des firmes, il leur arrive à eux aussi de rencontrer des situations variées, souvent porteuses de problèmes à résoudre, tels que la création ou la motivation d'un groupe, la délégation et le contrôle d'une équipe, la gestion des conflits, l'animation de réunions, sans parler de leur propre développement, rendu nécessaire par l'évolution des technologies et les changements rapides des mentalités et des styles de management.

À moins d'être « naturellement né » dans la peau d'un leader charismatiquc, sociablc, flcxiblc ct surtout inoxydable, le manager d'aujourd'hui va devoir acquérir des connaissances et des réflexes lui permettant de relever ces différents défis.

Le coaching pour répondre aux attentes du personnel

Les 12 challenges les plus fréquents chez les managers

Une étude désormais classique conduite par l'Institut Gallup recense les 12 challenges les plus fréquemment rencontrés par les managers vis-à-vis de leurs employés :

1. Leur dire clairement ce qu'il attend d'eux.
2. Leur fournir ce dont ils ont besoin pour bien travailler.
3. Leur permettre de faire tous les jours ce qu'ils savent faire le mieux.
4. Leur donner un témoignage de reconnaissance au moins une fois par semaine.
5. Considérer chacun d'eux comme un individu à part entière.
6. Encourager leur développement individuel.
7. Avoir avec chacun d'eux une discussion sur leurs progrès deux fois par an.
8. Tenir compte de l'opinion de chacun d'eux.
9. Faire ressentir par chacun d'eux que son travail est important pour l'objectif, la mission de l'entreprise.
10. Que chacun d'eux obtienne de ses propres collaborateurs ou collègues qu'ils fournissent un travail de qualité.
11. Vérifier qu'ils aient chacun un « bon ami » au travail.
12. Qu'ils aient la possibilité d'apprendre et d'évoluer.

Ces différentes demandes de l'équipe requièrent des qualités managériales qui ne sont pas toujours innées, mais qui peuvent s'acquérir avec l'accompagnement du coach. Celui-ci va contribuer à développer l'aptitude à une écoute de qualité, amener le manager à analyser lui-même ses propres comportements et décider de quels apprentissages il a besoin pour les améliorer si nécessaire. Il va l'aider aussi à développer l'empathie, la confiance, l'autorité naturelle, et bien entendu lui donner les outils nécessaires pour transmettre ces notions, et bien d'autres à l'ensemble du groupe de façon à ce que chacun puisse communiquer le mieux possible avec les autres.

C'est dans toutes ces missions aux multiples facettes qu'on se rend compte de l'efficacité du coaching. Chacune d'entre elles, en effet, requiert non seulement des améliorations techniques, mais surtout nécessite des changements importants dans la manière de penser et dans le comportement ; seul le coaching permet de les faire exprimer par des personnes qui les tenaient jusque-là cachés sans le savoir, au plus profond d'elles-mêmes.

3.2 Le coaching : comment ça marche ?

Pour répondre à cette question, on pourrait être tenté d'affirmer que le coach, tel qu'il est décrit dans ce livre, possède suffisamment d'« outils » et d'expérience personnelle pour arriver à lui seul à mettre son client dans la bonne direction lors de ses interventions. Les résultats proviennent effectivement en partie de la qualité de cette démarche.

Mais en partie seulement. Le principal acteur de la séance de coaching est l'intéressé lui-même. Les résultats positifs proviendront en majeure partie de potentialités insoupçonnées que le coach lui aura fait découvrir pour lui permettre de trouver, à nouveau, les bonnes réponses aux « bonnes questions » qui lui sont posées.

En effet, une fois de plus, il nous faut rappeler que le coach ne donne pas de conseils, mais accompagne par son questionnement le coaché jusqu'à ce qu'il trouve lui-même des ressources que son dialogue intérieur ne lui avait pas permis de réveiller auparavant.

Voilà donc ce que pourrait dire un coach pour répondre à la question « comment ça marche ? ». Mais il est plus intéressant encore de permettre aux clients eux-mêmes de s'exprimer pour expliquer comment ils perçoivent les raisons de leur réussite personnelle à la suite du coaching.

Les témoignages qui suivent sont les exemples résumés, extraits d'un livre de François Caby, spécialiste en ressources humaines[15].

> *Un cadre chez Valéo, branche électronique*
> « La nouveauté pour moi a été de bénéficier de ce type d'aide dans l'entreprise... Je percevais le milieu de l'entreprise comme déconnecté des problèmes humains, ne laissant pas de place à la faiblesse, la sensibilité, les émotions... Il ne fallait rien montrer de mes doutes, de mes fatigues, de mes colères ou de mes joies... J'ai découvert que ma plus grande source de travail, d'intelligence et d'énergie n'est disponible que lorsque je suis moi-même détendue... J'ai appris à être en confiance avec une équipe, à savoir partager... »
>
> *Un des patrons de Boston Scientific Europ (techniques médicales non invasives, 800 personnes)*
> Venant d'une autre entreprise où il avait passé 20 ans, pour prendre un poste de direction, il se posait des questions sur la fragilité de sa nouvelle position ainsi que sur ses compétences et son évolution au sein de la nouvelle société :
> « Il m'était difficile d'en parler au sein de l'entreprise et je ne voyais pas d'ami avec qui échanger sur ce thème... Il fallait quelqu'un qui me " challenge " dans une démarche à la fois personnelle et

15. *Le Coaching*, Éditions De Vecchi, 2002.

professionnelle... J'ai donc choisi le coaching. Avec mon coach, nous abordons aussi bien des sujets très précis, comme par exemple la mise au point d'une présentation, que des thèmes plus larges portant sur le vécu, l'envie de faire... »

Responsable des ressources humaines dans une start-up de 60 personnes

« Comme le coaching n'était pas dans le style de la maison, j'ai pris en charge son financement, le considérant comme un investissement à terme (6 mois à raison d'une heure par semaine).

Alors que la start-up fonctionnait dans l'immédiat et dans l'urgence, cette prise de recul chaque semaine durant une heure était pour moi très positive. Elle s'appliquait à l'analyse de cas plus ou moins difficiles, à des questions de politique, au positionnement des ressources humaines... En même temps, mon coach m'a fait réfléchir sur l'organisation du travail, la gestion du temps, des priorités et des urgences... »

Direction des relations publiques dans une des branches du groupe Accor

« Le coaching dont j'ai bénéficié a duré 7 mois à raison d'une demi-journée toutes les 3 semaines... Mon besoin essentiel était d'organiser et de hiérarchiser mes priorités... L'objectif du coaching fut donc d'augmenter ma capacité à gérer et de sortir de l'urgence permanente... »

3.3 Le coaching : qui constate que ça marche ?

Cette question rejoint celle posée par la forme que recouvre le contrat de coaching, traité par ailleurs dans ce livre (voir p. 127). Mais elle met en cause les différents protagonistes qui, suivant la forme des accords, peuvent être soit le coaché lui-même, soit le manager qui a pris la décision pour l'un de ses subordonnés. Nous venons de voir dans le dernier exemple ci-dessus que, dans certains cas, c'est l'entourage même du coaché qui était le premier capable de déceler les changements bénéfiques apportés par le coaching, alors que son avis n'était *a priori* pas du tout sollicité.

Dans le cas d'un contrat dual, l'intéressé est évidemment le mieux placé pour apprécier les résultats qu'il a obtenus, sans avoir besoin des appréciations ni de son supérieur, ni de son environnement de travail. C'est ce type de situation qui est décrite plus haut dans l'exemple de la start-up : la cliente est elle-même la personne qui a décidé le coaching et qui a pris sur elle de le financer, sans rien demander à sa société.

Lorsqu'il s'agit d'un contrat tripartite, *who pays the bill plays the tune*, c'est-à-dire que le manager qui a décidé de faire coacher un collaborateur est en droit d'apprécier lui-même si les résultats qu'il en attendait sont satisfaisants ou non. Mais alors sur quelles bases va-t-il se fonder pour arriver à cette conclusion, qui risque fort de se trouver entachée d'une bonne dose de subjectivité ?

Dans un tel cas, il est souhaitable de fixer à l'avance des critères de réussite de façon à pouvoir vérifier tout au long du coaching que celui-ci se déroule conformément aux accords passés entre le coach, le coaché et le responsable de la société. C'est ce dernier qui a pris la décision du coaching ; c'est donc à lui d'en fixer les objectifs et les repères qui permettront de constater *in fine* s'il est réussi ou non.

Les critères de réussite

Les critères peuvent être de différentes sortes, y compris de nature économique, comme nous le verrons plus loin. Mais au niveau de la personne, ils peuvent viser des résultats moins terre à terre, tels que :
- préparer des réunions, des entretiens, en un mot améliorer tout ce qui concerne la communication ;
- mettre en œuvre un plan d'actions ;
- accompagner une décision importante pour l'entreprise ou pour le manager lui-même ;
- accéder à de nouvelles fonctions et prendre en charge de nouvelles responsabilités,
- renforcer le leadership lorsque s'élargit le domaine de management ;
- de façon générale, résoudre tous les problèmes ponctuels pour lesquels le coaching sera requis dans une optique de réussite et d'achèvement.

Les instruments de mesure choisis pour évaluer le coaching concernent le plus souvent le temps.

Il s'agira essentiellement de déterminer des dates précises pour atteindre chacune des étapes prévues, d'un commun accord avec le client. On pourra considérer que la démarche est en bonne voie si l'obtention de telle ou telle quantité d'un objectif à atteindre (clients nouveaux, volumes de production, résultats financiers, etc.) est obtenue à l'échéance fixée.

Les critères peuvent cependant être plus variés suivant l'imagination de chacun. Il peut s'agir par exemple de l'accomplissement seul d'une tâche complexe qui jusque-là nécessitait la participation de plusieurs personnes, ou encore la simplification d'un système ou d'une organisation qui aura pour résultat d'importantes économies, etc.

3.4 Le coaching peut-il faire l'objet de résultats mesurables en termes économiques ?

Il est parfois difficile de mesurer avec précision les résultats du coaching lorsqu'il s'agit d'atteindre des résultats concernant des changements de comportement, ou impliquant des objectifs dont l'appréciation est essentiellement subjective.

En revanche, dans la mesure où il a pour objet des résultats matériels tangibles, et si des critères d'évaluation identifiables ont été retenus, il devient possible de les repérer, de les mesurer et d'en faire le bilan en termes monétaires.

Des résultats chiffrés repris par la presse professionnelle

En feuilletant les journaux généralistes de l'entreprise et du management, ou la presse plus spécifique de tel ou tel secteur professionnel, on peut relever régulièrement un nombre important d'articles sur le coaching.

Le groupe ORPI

Les firmes citées n'évoquent pas toutes les mêmes motivations pour exposer les raisons de leur démarche, mais elles sont unanimes pour en constater les résultats positifs. Certaines ont été capables d'en commenter les retombées économiques en termes précis. Il faut lire par exemple le témoignage du patron de l'une des 950 agences du groupe ORPI[16] :

> « Nous travaillons avec un coach depuis un an, dit-il. Notre chiffre d'affaires a augmenté de 15 à 20 %, alors qu'il ne croissait que de 5 % par an jusque-là. C'est la même moyenne dans toutes les agences qui disposent d'un coach. »

Et il explique que le facteur le plus important tient au fait que ses agents ont compris, avec le coaching, toute l'importance d'une meilleure écoute de leurs clients, l'intérêt de passer plus de temps avec eux et de suivre scrupuleusement leurs demandes.

Il n'est pas indispensable pour un coach de connaître en détail le « métier » de la société qui l'emploie. En effet, un bon coach s'adapte aux différents secteurs d'activité des entreprises et décline ses divers « outils » en fonction des besoins qu'il a décelés ou des objectifs qui lui sont exposés. Dans le cas d'ORPI, il est vraisemblable que les coachs ont surtout fait découvrir la façon de mieux écouter, ainsi que l'art de mettre en pratique certains aspects de l'intelligence émotionnelle (voir plus loin). Les coachés sont alors devenus capables de dépasser la simple attention pour adopter un comportement plus empathique avec leurs interlocuteurs.

16. *Le Figaro Entreprise*, 3 mai 2003.

Visual

Les opticiens Visual[17], réseau qui regroupe 264 points de vente et 800 collaborateurs, décident de recruter cinq coachs en janvier 2002, chacun d'eux « couvrant » 40 à 50 magasins. Leur première mission est de faciliter aux collaborateurs le repérage de leurs points forts et de leurs points faibles, et d'identifier quels peuvent être les leviers de croissance. Avec les responsables de magasin, c'est la gestion d'équipe, la résolution de conflits et les problèmes de recrutement qui sont abordés.

Comme chez ORPI, laissons parler cette fois le directeur des ventes du groupe :

> « L'année 2003 a marqué un bond significatif avec une progression des ventes de 9 % à périmètre constant, là où le marché se situait à 4 ou 5 points... La moitié de cette croissance est due à une montée en gamme des produits vendus, donc à une amélioration du panier moyen. L'effet du coaching se fait donc sentir sur la capacité des opticiens et de leurs équipes à proposer des verres plus élaborés. »

Par ailleurs, selon la direction de Visual, ce type de démarche coûte trois fois moins cher que les formations classiques, compte tenu des économies réalisées, entre autres, sur le transport et l'hébergement.

Cette réflexion est l'occasion de souligner l'un des aspects économiques du coaching. Il se déroule en effet sur le lieu de travail ou au téléphone. Contrairement à de nombreux séminaires de formation, il ne nécessite ni organisation particulière, ni transport pour les personnels impliqués. Dans la plupart des cas, c'est le coach qui se déplace et non l'inverse.

Total

Chez Total[18], une attention particulière est portée sur les problèmes personnels des 6 000 salariés du siège. Lorsqu'un fardeau trop lourd est décelé chez certains, un accompagnement de coaching leur est proposé. Il permet de soulager rapidement les soucis des uns et des autres en évitant de désorganiser certains services du groupe. Il est inutile de souligner l'intérêt économique d'une telle démarche où le coaching l'emporte sur les arrêts de travail.

Unilever

Plus systématique, Unilever[19] attribue un coach à 150 de ses dirigeants dans la perspective d'améliorer les performances de leurs équi-

17. *Ibid*, 14 mars 2005, « Les opticiens Visual se font coacher ».
18. *Management*, 1er avril 2003.
19. *Ibid.*

pes. Compte tenu des résultats, il était prévu, au moment où s'est déroulée cette revue de presse, d'étendre progressivement la démarche au middle management.

Schneider

Lorsque Schneider[20] eut échoué dans sa fusion avec Legrand, un coaching fut immédiatement mis en place auprès d'une soixantaine de responsables. Ils furent tous questionnés de façon à ce qu'ils puissent exposer leur ressenti personnel. Le but essentiel de cette intervention était d'alléger leur frustration éventuelle et de leur permettre ainsi de mieux rebondir.

Sans être l'« outil à tout faire », le coaching répond à de multiples préoccupations.

Qu'il s'agisse de problèmes sociaux, de stress, de déconvenues opérationnelles, de conflits, ou encore de recherche de performances, le coaching est désormais identifié comme un outil puissant, permettant de mieux réagir à ces différentes situations, redonner confiance aux individus, et par là même optimiser le tonus, et en conséquence, les résultats de tout un groupe.

Parallèlement aux compétences techniques, les performances économiques dépendent aussi étroitement de la maîtrise psychologique des intéressés. Les grands groupes ont depuis longtemps déjà évalué l'importance de ce facteur. Le coaching est désormais monnaie courante chez Martel, Danone, Moulinex[21], pour ne citer que ces quelques exemples.

Et lorsque l'entreprise n'intègre pas cette dimension dans son plan de formation, il est de plus en plus fréquent de rencontrer des cadres qui sont prêts à investir eux-mêmes dans un coaching personnel pour être plus compétitifs, ou se sentir mieux dans leur parcours professionnel, en particulier lorsque surviennent les différents changements qui les attendent aujourd'hui inévitablement.

Le coaching, également au service de la culture d'entreprise

Dans le monde du tourisme, la formation des managers et des responsables d'agences est fondamentale. Aussi bien chez Kuoni que chez Selectour[22], les interventions du coach visent à renforcer les liens à l'intérieur des équipes.

20. *Ibid.*
21. *Ibid.*
22. *Le Quotidien du Tourisme*, 29 avril 2003.

Chez CWT[23], en revanche, c'est le coaching individuel qui est privilégié depuis le début de 2003. Ainsi les managers deviennent-ils des relais naturels de la culture de cette entreprise, basée sur le thème de la « qualité de service ».

Créer précocement un état d'esprit proche de la culture de l'entreprise est également la préoccupation de sociétés qui investissent dans la formation de leur futur personnel. C'est le cas de la SSII Sopra[24], qui depuis plusieurs années assure un coaching auprès de 450 étudiants de 20 écoles différentes. Le coach est requis pour accompagner des objectifs ponctuels, mais aussi pour aider les étudiants à trouver les repères de leur future carrière.

De même chez Péchiney, ce sont les coachs qui accompagnent les candidats aux postes internationaux. Ils servent également de relais de communication entre les stagiaires et l'entreprise.

La démarche est à peu près identique chez Telecom Paris[25] et à l'INT (Institut national des télécommunications) : une trentaine d'élèves ont été sélectionnés de façon à développer chez eux une culture commune proche de celle de l'entreprise.

De surcroît, ces différentes initiatives sont propres à fidéliser ces futurs collaborateurs en créant un lien fort avec les sociétés qui les ont ainsi accompagnés.

Les résultats économiques sont souvent redevables d'« outils » du coach tels que l'intelligence émotionnelle ou encore la méthode GROW, par exemple.

Aux États Unis, des mastodontes comme IBM, Procter & Gamble ou Microsoft[26] intègrent depuis longtemps les outils de base du coaching aux programmes de formation de leurs managers. Parmi différentes techniques, ils mettent en pratique les ressources de l'« intelligence émotionnelle », initiée par le psychologue américain Daniel Goleman dans les années 1990.

---

23. *Ibid.*
24. *Entreprises et Carrières*, 6 mai 2003.
25. *Ibid.*
26. *Challenges*, 17 avril 2003.

L'intelligence émotionnelle

L'intelligence émotionnelle implique le développement de cinq éléments qui sont :
- la conscience de soi ;
- la motivation ;
- la maîtrise de soi ;
- l'empathie ;
- la maîtrise des relations humaines, qui est la clé de la compétence sociale.

Ainsi, à côté du QI, voit-on le QE (quotient émotionnel) prendre une place de plus en plus importante dans le profil des managers et des salariés en général.

Depuis les années 1990, IBM France a mis en pratique le coaching en commençant par créer une équipe de cinq coachs animée par un sixième qu'on pourrait appeler le *mastercoach*. Au bout de la première décennie de ce programme, plus de 200 managers ont ainsi bénéficié d'un coaching et 300 séminaires ont été mis en place. Mise à part l'intelligence émotionnelle, les méthodes employées furent souvent celles qui avaient fait la preuve de leur efficacité et de leur rentabilité aux États-Unis, à l'École de Paulo Alto notamment. En particulier la fameuse démarche GROW (croissance), mnémotechnie pour :

> G = *goal*, c'est-à-dire le but.
> R = *reality*, quelle est la situation d'où nous partons ?
> O = *options* quelles sont les idées, les solutions possibles ?
> W = *work*, mais aussi *willingness*, c'est-à-dire le travail à accomplir et la volonté de mettre en route le plan d'actions.

L'objectif essentiel poursuivi par les coachs intervenant chez IBM, à la demande du président, fut le développement des performances en situation professionnelle. Lorsqu'on se réfère au parcours global de cette société, on est en droit d'estimer que les coachs n'ont pas failli à leur mission.

Les Laboratoires Boiron[27], également, ont été parmi les premiers en France à mettre les outils de coaching en pratique auprès de leurs cadres, simplement pour qu'ils soient plus confiants et plus efficaces dans leur travail.

27. *Challenges*, 17 avril 2003.

Le rôle du coaching dans la communication est source d'économie

Qu'il s'agisse de professionnels de ce domaine, ou de managers et de cadres qui n'ont qu'occasionnellement l'occasion de prendre la parole en public, le fait d'avoir un coach à leur côté aide les orateurs, notamment en leur permettant d'utiliser leurs émotions comme un atout.

Ils sont alors plus à l'aise pour combattre et vaincre leurs appréhensions. Ils découvrent en eux des ressources insoupçonnées. Ils deviennent de plus en plus compétents pour adopter une attitude conforme à leurs discours. Leur comportement et leur gestuelle s'améliorent. Ils sont alors plus aptes à véhiculer efficacement un message qui reflète l'image de leur entreprise. Puis, dans la plupart des cas, ils en viennent à faire l'économie d'agences coûteuses, en assurant eux-mêmes, le plus souvent, la diffusion de leurs messages grâce à (la maîtrise de) leurs capacités nouvelles à communiquer naturellement.

Des sociétés comme Leclerc, Dexia, Axa ou encore Kraft Food[28] font appel à des coachs professionnels pour accompagner ainsi leurs collaborateurs lorsqu'ils ont à faire face à des actionnaires, répondre à la presse, présenter des comptes, etc. Même un très bon dirigeant peut se révéler un piètre orateur et avoir besoin d'un coach pour mieux communiquer.

Plus originale encore fut la stratégie de Renault[29], lorsque la firme automobile réussit à sensibiliser en une seule journée 500 managers et chefs de ventes réunis au Stade de France sur le thème « Devenir manager coach ». Le programme comportait des intervenants de la CEGOS, mais aussi des coachs sportifs comme Alain Weiss, entraîneur de l'équipe de France de basket, et Daniel Herero, entraîneur de rugby, qui clôtura la journée. Différents thèmes furent abordés, y compris celui du fameux « maillon faible », dont l'importance est au moins aussi grande pour la cohésion d'un groupe de vendeurs que celle d'une équipe sportive.

Quel qu'en soit le montant, cet investissement pour un seul jour fut plus que rentable si l'on songe aux effets « retard » du coaching. Il a en effet le pouvoir de changer les comportements, le plus souvent de façon définitive, comme nous l'avons vu.

Quel rapport entre l'investissement dans le coaching et ses résultats

Au-delà d'un rapide survol de ces quelques exemples, on pourrait décliner encore et encore l'efficacité des outils de coaching en parcourant chaque jour la presse professionnelle. Qu'il s'agisse d'articles ou de sondages, toutes les sources d'information convergent globalement

28. *L'Événementiel*, 1er avril 2003.
29. *Courrier Cadres*, 17 avril 2003.

vers des indices qui montrent clairement la satisfaction des entreprises acquises au coaching.

À côté des résultats obtenus ou escomptés, on y trouve également la dimension économique concernant cette fois l'investissement consacré au coaching. Il est intéressant de l'évoquer rapidement avant de conclure ce chapitre.

Le coaching individuel peut coûter jusqu'à 15 000 euros à l'entreprise. C'est le cas par exemple à France 5[30], où un manager sur quatre est coaché régulièrement, ce qui représente 50 % du budget de formation. Mais ce n'est pas cher payé pour augmenter l'audience de la chaîne grâce aux compétences accrues de ses animateurs. Mais d'autres études montrent qu'en général le coût est en fait inférieur à 10 000 euros.

À titre de comparaison, chez Unilever[31], l'accompagnement des 150 managers qui bénéficient d'un coaching depuis plusieurs années coûte en moyenne 3 800 euros par personne et par an. Plus couramment, on évalue le coût du coaching individuel d'un manager dans une fourchette de 200 à 350 euros de l'heure. Celui d'une journée de coaching en petits groupes varie de 1 000 à 2 000 euros en fonction de la taille des groupes (en général, de 6 à 8 personnes) et du nombre de séances requis.

Quant au retour sur investissement, nous venons de voir qu'il est le plus souvent mesurable : lorsqu'un coach intervient au niveau des commerciaux, il est facile de vérifier l'impact du coaching sur le chiffre d'affaires après seulement quelques mois. Nous avons évoqué plus haut le cas d'ORPI, dont l'augmentation du chiffre d'affaires est passée de 5 à 15 ou même 20 % selon les agences qui bénéficiaient de l'accompagnement d'un coach. De la même façon, Visual a vu ses ventes progresser deux fois plus vite que le marché, dès la deuxième année qui a suivi le recrutement des coachs.

Certains coachs d'ailleurs n'hésitent pas à mettre le résultat attendu de leur action en balance avec leurs honoraires : engagés sur des résultats tangibles, ils mettent en jeu une part variable de leurs émoluments ; c'est le cas chez CISCO, Shell, ainsi qu'à l'INSEAD, par exemple[32]. Ce pari témoigne, si besoin était, de la confiance des coachs dans la certitude qu'ils ont de réussir leur mission, et donc d'en démontrer la valeur et la rentabilité.

Pour Danièle Pettersson, qui a fait paraître en 2005 un ouvrage sur le coaching interne[33], la démarche de coaching se solde non seulement

30. *Management*, 1er avril 2003.
31. *Ibid.*
32. *Ibid.*

par une économie pour l'entreprise, mais également par des gains. Elle rapporte différents cas chiffrés avec précision (extraits) :

> *Cas n° 1 :*
> Faire travailler ensemble un « réseau » de 63 personnes qui ne se connaissaient pas, bien que faisant partie de la même entreprise. La mission était de mener à bien un projet « transversal ». Le DRH fait appel au coach pour organiser un team building. Au terme de la mission qui fut conduite avec succès, le DRH a estimé avoir gagné au minimum 62 000 euros, sans parler des résultats qualitatifs en termes d'acquisition d'un véritable esprit de groupe.
>
> *Cas n° 2 :*
> Même expérience que ci-dessus, mais avec seulement 19 personnes. Le résultat cette fois est un gain de 20 000 euros.
>
> *Cas n° 3 :*
> Il s'agit de l'accompagnement individuel d'un jeune commercial ayant des difficultés à atteindre ses objectifs. Le coach le fait travailler sur sa confiance en lui, et bien entendu sur la conduite de ses objectifs. Le coaching dure 4 mois. Deux ans après, l'intéressé a franchi un échelon dans la hiérarchie, après avoir constaté une progression régulière de ses résultats. À noter en particulier une hausse de 40 % au troisième trimestre de l'année 2.
>
> *Cas n° 4 :*
> À nouveau, ce cas intéresse un accompagnement individuel concernant cette fois un cadre supérieur. Ce dernier doit conduire un lourd projet tout en poursuivant son activité habituelle. Il est stressé, se sent débordé, et sollicite une aide extérieure pour quelques mois. Le DRH lui propose alors un coaching à la place de ce recrutement temporaire. À nouveau, le coaching dure 4 mois, et voici les conclusions de l'intéressé lui-même : « Grâce à cet accompagnement, j'ai pu faire face à une situation difficile et mener de front les deux activités. De ce fait, l'entreprise a fait l'économie d'un CDD qui aurait coûté 35 000 euros. »

Mais l'actif le plus important à mettre au compte du coaching réside dans le changement définitif que connaissent managers et cadres dans leur vie personnelle et professionnelle.

Cet acquis est évidemment difficile à chiffrer ; à la limite, on pourrait dire qu'il n'a pas de prix.

Ceux qui l'ont compris font parfois eux-mêmes l'investissement dans cette démarche (en moyenne 1 800 euros), lorsqu'ils ne sont pas appuyés par leur entreprise.

Ils considèrent le coaching comme une « cure » aux effets durables. Ils peuvent faire appel à leur coach lorsqu'ils ont à faire face à de nou-

---

33. *Guide pratique du coaching interne*, Gualino Éditeur, 2005.

veaux défis, ou lorsqu'ils sont en prise avec une situation psychologique inattendue ; ils y trouvent une aide efficace, pragmatique et complète qui, le plus souvent, va changer complètement leur façon de travailler et de communiquer pour leur mieux-être, mais également pour le bénéfice de leur entreprise.

Le coaching se déroule en moyenne en 15 à 20 heures réparties sur 3 à 6 mois. C'est bien peu pour réussir harmonieusement les changements qui, un jour ou l'autre, vont s'imposer à eux et perdurer tout au long de leur carrière.

3.5 Le but : l'atteinte des objectifs du client

Bien qu'il ne soit pas engagé par une obligation de résultats, le coach s'efforce que son intervention soit tout entière tendue vers la réussite des objectifs de son client.

Sa meilleure récompense est de voir le problème résolu, le but atteint, le client transformé, par une réorganisation de son dialogue interne qui lui permet d'éliminer les peurs, les croyances et les émotions négatives, autant de scories qui lui gâchaient la vie.

En entreprise, la meilleure cohésion d'une équipe, l'amélioration du leadership d'un manager, la fluidité de la communication sont autant d'exemples d'acquisitions réalisées sous l'impulsion des coachs. Il est inutile de chercher à donner une dimension chiffrée aux bénéfices de ces progrès-là. La meilleure évaluation vient, nous l'avons vu, de la collectivité tout entière. Soudain, chacun sent que quelque chose a changé dans la maison et que l'on s'y sent mieux qu'avant. Une ambiance nouvelle va servir de cadre à la réussite de nouveaux challenges.

Ce type de réaction est d'autant plus important qu'à l'heure actuelle, nombreux sont les salariés des entreprises qui, à tous les niveaux, connaissent un certain désenchantement et se posent des questions sur le sens à donner à leur activité professionnelle. Le coach est capable de les aider à trouver des réponses à ce type de questions.

L'attachement à son entreprise et l'amour du travail bien fait, qui faisaient partie depuis longtemps de nos plus importantes traditions, sont en train de se perdre. Sans tomber dans le paternalisme, si tous les chefs d'entreprise pratiquaient l'intelligence émotionnelle, les salariés ressentiraient sans doute moins fréquemment ces sortes de désamours.

De façon plus pragmatique, il est néanmoins tout à fait légitime de se poser aussi des questions sur la rentabilité économique à long terme du coaching.

Nous avons vérifié que lorsque cette démarche vise la réalisation d'objectifs mesurables en termes financiers, il est possible d'aller dans le sens de cette question normale pour tout chef d'entreprise : « Combien ça coûte ? Combien est-ce que cela va rapporter ? » et de lui donner satisfaction.

Il est relativement facile de fixer des critères matériels pour évaluer la rentabilité du coaching. Pour s'en persuader, il suffit d'aborder le coaching en commençant par lui demander des résultats dans ce sens, de les vérifier et d'en tirer des conclusions.

Une fois réalisée cette « vérification », le coaching mérite ensuite d'être apprécié pour les performances globales qu'il apporte à la société tout entière, aussi bien que pour la réussite de tel ou tel individu qui, sous la conduite du coach, aura réussi son propre challenge.

Plus que les résultats économiques, l'amélioration d'une ambiance, la meilleure cohésion d'un ensemble sont, sur le long terme, des bénéfices bien plus importants pour l'entreprise que l'augmentation ponctuelle d'un chiffre d'affaires, ou l'acquisition d'un nouveau client. Les effets secondaires du coaching, bénéfiques à long terme, existent, sans qu'il soit possible d'en faire une véritable mesure à leur juste valeur. Mais il est hors de doute qu'ils constituent l'aspect le plus important et le plus valorisant de cette démarche.

Ce n'est donc pas par hasard que les plus grands groupes multinationaux ont, les premiers, associé systématiquement la pratique du coaching à leur charte managériale. Il est facile d'en apprécier les résultats, ne serait-ce que par la place prépondérante occupée aujourd'hui par ces sociétés sur leur propre marché. Si leurs résultats ne sont évidemment pas uniquement liés au coaching, on ne peut pas dire que cette pratique ne soit pas allée dans le même sens et qu'elle n'y ait pas contribué. L'investissement consacré au coaching s'est trouvé remboursé au-delà de toute espérance.

De même, il est possible d'affirmer qu'au niveau de sociétés plus modestes, le coaching arrive facilement à s'autofinancer par les résultats auxquels il contribue. Il s'agit en effet d'une intervention de courte durée, mais dont les effets peuvent se prolonger indéfiniment dans de nombreux cas. C'est sans doute la raison pour laquelle il tend à se développer de plus en plus au sein des PME/PMI.

Enfin le coaching est rentable au niveau individuel.

Qu'il s'agisse de *life coaching*, du coaching individuel de cadres ou de managers, ou encore de dirigeants qui souhaitent devenir « manager-coach », on trouve de plus en plus de personnes prêtes à consentir elles-mêmes l'investissement des quelques centaines d'euros nécessaires pour bénéficier de l'accompagnement du coach qui peut les aider à réorienter leur vie.

Quel que soit le problème posé ou l'objectif à atteindre, le coaché bénéficiera, à la fin de son accompagnement par le coach, d'une série de transformations importantes de sa personne et de son comportement. Pour ne citer que les plus importantes, disons que :

– son estime de soi sera renforcée ;
– ses émotions seront désormais mieux contrôlées ;
– ses croyances négatives seront pour la plupart transformées en croyances ressources ;
– il aura une vision plus claire de ses valeurs ;
– il sera capable d'une meilleure écoute et sera plus tolérant avec autrui.

Cet inventaire est loin d'être exhaustif. En fonction des méthodes et des outils utilisés par le coach, de nombreuses autres capacités vont se trouver développées chez le coaché, comme la maîtrise du temps ou l'art de communiquer, par exemple.

Ainsi, au-delà de la mission ponctuelle qui lui est confiée, le coach va-t-il laisser à son client un héritage que celui-ci n'avait pas demandé et qui représente peut-être le cadeau le plus important qu'on lui ait jamais fait.

3

CHAPITRE

Le coach et sa déontologie

Le mot « coach » est à la mode. Il apparaît dans les publicités, s'affiche dans les vitrines, est repris par les pigistes des magazines. Les appellations les plus diverses prolifèrent : « le coach de vos placements », « le coach de votre forfait téléphonique », « le coach-texto », « le coach de danse, de chant, de diététique », « le love coach », « le coach de votre minceur, de votre peau »... De quoi dérouter les clients potentiels du coaching et les coachs eux-mêmes, qui doivent sans cesse redéfinir leur métier.

La grande majorité de ces coachs autoproclamés est composée de consultants qui s'ornent de ce titre qui est dans l'air du temps. Le mot « coach » avec sa consonance nord-américaine symbolise la modernité active et efficace, porte une promesse de réussite programmée, de rentabilité quasi obligatoire...

La personne du coach est donc largement fantasmée sous les traits d'un personnage de grand motivateur, survitaminé (comme un GO), exultant de confiance en soi, qui confronte tout un chacun, dresse ses ouailles à la baguette et les conduit tambour battant vers la victoire (sur eux-mêmes, sur l'équipe adverse, sur le chiffre d'affaires en berne, etc.).

Bien sûr, dans la profession même, il arrive que certains coachs jouent ce rôle, endossent ce personnage qui mythifie leur personnalité et pallie les insuffisances de leur confiance en eux, mais ils ne sauraient représenter la profession dans sa diversité, ni se présenter comme référence de ce qu'est le coaching, c'est-à-dire une discipline demandant d'être autrement plus investi, humble et sensible au respect de l'intégrité, des intérêts et de l'environnement de son client.

Cette médiatisation est certes bienvenue puisque, pour être connu, il faut être vu. Et d'ailleurs les professionnels de la publicité rétorquent : « Parlez-en en bien, parlez-en en mal, mais parlez-en ! » Et en effet, plus on parle du coaching et plus la curiosité envers cette technique d'accompagnement grandit.

Mais cette surexposition du terme « coach » ne se fait-elle pas au détriment du coaching professionnel lui-même ? Et cette appropriation du titre par tout un chacun, puisque n'importe qui peut s'arroger le titre de coach, ne mine-t-elle pas la crédibilité de tous ceux qui pratiquent avec passion ce beau métier ?

Comment revendiquer et faire reconnaître ce qui fait l'essentiel de cette discipline : l'exigence de qualité dans la relation, la maîtrise des processus de questionnement, la demande de part et d'autre d'assumer pleinement un statut d'adulte responsable et autonome ?

1. Les illusions dans la relation de coaching

Le coaching est en fait très différent de ce qui est souvent présenté au grand public : capter, manipuler, diriger, contrôler, conseiller, prescrire, ordonner... Où tracer la frontière entre ce qui relève du coaching et ce qui n'en relève plus ? Quelles sont les réelles limites de ce métier ? Quand peut-on parler de coaching ? Quand ne le peut-on plus ?

Le coaching est une question de relation et de communication. Et le comparer avec d'autres méthodes d'accompagnement de la personne fondées sur d'autres hypothèses et visant d'autres objectifs, est utile pour mieux en cerner les limites et permettre aux personnes désirant s'engager dans un processus d'accompagnement de faire un choix éclairé.

Il s'agit de traiter ici les différences entre le rôle du coach et le rôle des autres principaux intervenants dans la relation à l'autre, c'est-à-dire :

– Quelles sont plus précisément les différences entre le coaching et les autres techniques d'accompagnement ?
– De quelle manière le coaching s'adresse non pas à un sujet psychologique en quête de connaissance de soi, mais à un sujet éthique qui a décidé d'évoluer selon les principes qu'il se donne ?

1.1 Qui est le coach ?

Le coach n'est pas
– un conseiller qui est un spécialiste de la solution ;
– un expert qui est un spécialiste du contenu ;

– un mentor qui est un spécialiste de la transmission de son expérience ;
– un formateur qui est un spécialiste de la transmission du savoir ;
– un parent qui prend un enfant en charge ;
– un psychothérapeute qui est un spécialiste de la santé mentale ;
– un ami, un magicien, Superman ou Wonderwoman, un directeur de conscience ou un gourou…

Le coach n'est pas un spécialiste de la solution

Un conseiller est payé par son client pour trouver une solution. La personne ou l'entreprise qui l'engagent lui demandent de fournir un ensemble de résolutions ou d'actes qui vont résoudre une difficulté.

Le conseil est donc une opinion donnée à quelqu'un sur ce qu'il doit faire, et une opinion n'est jamais que le résultat d'une manière de penser, d'une croyance sur un sujet particulier : c'est le problème qui est la cible première de la réflexion du conseiller… et non la personne ou le groupe qui est en demande.

Exemple

Imaginons que vous voulez, ou devez, traverser une rivière. Peut-être n'avez-vous jamais tenté cette expérience et cette traversée représente un grand défi, ou peut-être avez-vous traversé déjà nombre de rivières, ruisseaux et grands torrents, avec plus ou moins de succès. Peut-être ne connaissez-vous pas cette rivière-ci, ou encore la connaissez-vous très bien mais désirez-vous la traverser autrement pour obtenir un résultat différent… Peut-être avez-vous déjà tenté cette traversée-là et êtes tombé à l'eau. Un souci de protection de votre intégrité physique, une appréhension des risques encourus, la conscience d'avoir besoin de prendre du recul face à ce projet, vous incitent à demander une aide pour éviter noyade, panique, peur d'être dévoré, etc.

Vous faites alors appel à un conseiller, de préférence un conseiller qui s'y connaît en « traversées de rivières ». Ce conseiller va dans un premier temps vous écouter pour prendre la mesure du problème. Il va faire un état des lieux de la situation, faire l'inventaire de vos ressources matérielles, techniques, financières, humaines, va prendre en compte vos besoins spécifiques, les contraintes de temps, le délai de réalisation du projet.

Puis il va vous fournir un plan de marche clés en main : voilà la liste des équipements nécessaires pour traverser une rivière, voici où sont les cailloux où poser les pieds ; et un système de protection contre différents risques : voilà comment utiliser stratégiquement vos ressources et voici l'échéancier à reporter sur votre agenda.

Vous ne semblez pas convaincu par cette stratégie en prêt-à-porter… Vous n'êtes d'ailleurs pas seul dans ce cas, il semble que généralement les conseils ne sont pas mis en œuvre… Quelle est donc la raison à cette perte éhontée de temps, d'argent et de matière grise ? Peut-être le fait que ces conseils tiennent seulement compte du problème et non de la problématisation de la situation.

Un problème, cela n'existe pas dans le monde concret : on ne peut « rencontrer un problème » ou « soulever un problème », réellement. Les effets de langage façonnent de fausses réalités qui peuvent nous piéger !

En revanche, nous savons, avec une facilité déconcertante, « problématiser » une situation… Comment ? Très simplement, il nous suffit de :

- créer des liens entre des éléments disparates ;
- les agencer sous forme de problème ;
- croire à la fatalité des circonstances ou à son impuissance ;
- dramatiser ce résultat ;
- bloquer l'action en s'imaginant dans un cul-de-sac ;
- bref, essentiellement rester fasciné par une seule vision de cette situation.

Mais comme vous avez vraiment le désir de traverser cette rivière (voir l'exemple ci-dessus), vous vous décidez alors à rencontrer un coach pour lui exposer votre objectif. Il vous dit : « Parle-moi plus en détail de ton projet, fais-moi la démonstration qu'il est réalisable. Si ce projet m'intéresse, je vais t'accompagner dans sa réalisation. » Et le coach ne vous propose alors aucune solution, sinon celle de consentir à élaborer la vôtre, grâce à des processus de questionnements.

Ce que le coach permet à son client

Il lui permet :

- de clarifier ses idées : qu'est-ce que je veux vraiment ? Et comment ? À quel prix ? Pour quel résultat ?
- de repérer les émotions qui l'entravent au lieu de l'aider et de le porter à l'action ;
- de décider quel sera son plan d'actions, celui qui utilisera au mieux ses capacités, celles qu'il possède déjà et aussi celles qu'il est prêt à acquérir ;
- de l'évaluer tout au long de sa progression…

Le coach vous demande ce qui vous motive pour traverser cette rivière et, avant tout, il vérifie que là est votre réel désir :

- Est-ce bien dans une traversée de rivière que vous avez envie d'investir votre temps, votre vitalité, votre intelligence, vos potentialités, votre émotivité, etc. ?
- Qu'est-ce qui vous attire de l'autre côté ? Quels bénéfices concrets et virtuels allez-vous retirer de cette traversée ? Ces bénéfices seront-ils suffisamment attirants et substantiels pour justifier les éventuels

coûts de l'opération, coûts qui peuvent être financiers mais aussi encore énergétiques, affectifs, relationnels, etc. ?
– Que savez-vous déjà faire et qui peut être utile pour cette traversée de rivière ? Quelles ressources personnelles possédez-vous déjà ? Avez-vous besoin d'information, de formation, d'apprentissage, d'entraînement ? Comment utiliser au mieux vos talents, vos expériences, vos acquis, votre motivation, votre capacité d'action, votre enthousiasme ?

Le coach : une posture qui permet d'éviter l'imposture

L'attention du coach se porte moins sur le problème (la rivière), que sur la personne qui est le moteur de la résolution (il a confiance dans votre ingéniosité et croit que vous débordez de ressources à réveiller !).

Votre coach a décidé une fois pour toutes qu'il ne sait pas à votre place. Et cette posture, qui lui permet d'éviter l'imposture, le laisse libre de s'intéresser à ce que vous savez, vous. Il considère que c'est vous qui êtes l'expert de votre vie, des contextes et des situations dans lesquels vous évoluez, qui connaissez mieux que personne de quoi vous êtes capable, ce qui stimule votre créativité, vous anime et vous permet de déployer votre énergie, vous donne des ailes…

Plutôt que de s'astreindre à la tâche herculéenne de trouver une solution plus ou moins adaptée à la problématique de chacun de ses clients, le coach propose plutôt une stratégie de résolution de problème… **Ce que vous serez amené à faire lors cet accompagnement est durable et vous donnera plus d'autonomie pour tous les autres domaines de votre vie.**

Notre exemple a bien sûr les limites de toute métaphore et ne saurait prétendre représenter à lui seul ce qu'est le coaching ; il illustrera plutôt l'esprit dans lequel s'expérimente un accompagnement coaching.

Il reste que renoncer à donner des conseils est assez difficile. En effet, donner un conseil est un quasi-réflexe dans notre mode relationnel ; nous énonçons des solutions pour les autres avec une grande facilité, d'autant plus que le rendu sur investissement est excellent.

Points clés

Donner un conseil est une manière très économique de :
– renforcer son ego : « je sais et même : je sais pour toi, mieux que toi » ;
– faire cesser l'anxiété que génère une question : « ouf, la réponse est trouvée » ;
– ne pas écouter vraiment la personne : « de ce que tu me dis, je n'écoute que ce qui me permet de te donner une réponse » ;
– de ne pas coacher la personne.

Le conseil tient rarement compte de tous les paramètres d'une situation : le contexte, la dynamique, les acteurs en présence, l'information dont ces deniers disposent, les ressources qu'ils sont en mesure de déployer ou non, les apprentissages utilisables ou à construire, les résistances et motivations de chacun, la synergie présente ou non dans l'équipe, etc.

L'art du coach est justement de permettre à son client, grâce à des questionnements maïeutiques (suscitant la réflexion intellectuelle), de produire lui-même la solution. Et si un conseil s'avère nécessaire… eh bien, il suffira d'engager un conseiller… ou même un expert.

Le coach n'est pas un spécialiste du contenu

Un expert est une personne choisie parce qu'elle fait autorité dans un champ de compétences. Son avis s'impose auprès de tous comme incontestable car il est étayé par une connaissance approfondie du savoir technique en la matière.

Il est reconnu à l'expert la capacité d'examiner, pour les évaluer, des objets, des personnes ou des situations. Il fait des constatations éclairées et rend aussi des appréciations fondées sur une culture assez vaste du sujet traité.

Un expert est un spécialiste de contenu, un spécialiste de la connaissance accumulée sur un thème particulier, dans un domaine déterminé et restreint (science, technique, etc.). Or, nous l'avons vu précédemment, le coach ne sait pas grand-chose… ou presque ! C'est-à-dire qu'il a tout de même quelques connaissances dans certains domaines et qu'il peut bien sûr en faire profiter son client, mais ce n'est pas là la raison pour laquelle on le sollicite.

Bien sûr, il peut être plus confortable pour le coach comme pour le client d'évoluer dans un univers connu, de partager déjà un vocabulaire commun, une connaissance de la réalité interne d'un métier ou d'un contexte… mais ce n'est pas essentiel. Un coach au contraire, qui, justement, connaît peu le milieu de vie ou de travail de son client ou qui ne sera pas habitué à certains comportements, certaines stratégies ou croyances allant de soi pour son vis-à-vis, va poser des questions dont la naïveté et le détachement peuvent provoquer des prises de conscience ou de recul par rapport à ce qui semblait évident et connu de toute éternité.

Si le coach ne prétend pas au savoir, il a tout de même appris à mener un processus d'accompagnement (du moins s'il a consenti à se former). Au fil de sa pratique, puisque le coaching ne peut consister en un apprentissage intellectuel (ce serait comme prétendre savoir nager quand on a seulement consulté la technique dans un livre sans jamais se mouiller), le coach devient donc peu à peu un spécialiste, un expert donc, du processus d'accompagnement (voir « Le savoir du coach professionnel », p. 28).

Définition

Rappelons-le, un processus est une suite d'opérations aboutissant à un résultat. En coaching, mener un processus, c'est poser une suite de questions qui orientent la pensée de manière constructive, qui demandent de clarifier les désirs exprimés, qui utilisent l'énergie dans des mises en action permettant de concrétiser sans cesse un peu plus le projet. Le résultat qui est visé est l'atteinte de l'objectif.

Il importe donc que le client du coach comprenne bien cette nuance : ce partenaire qu'il engage n'est pas un spécialiste du savoir, mais un expert en communication, en relation, en dynamique !

Le coach n'est pas un spécialiste de la transmission de son expérience

Un mentor est un conseiller, sage et expérimenté, qui guide et conseille une personne pour lui montrer le chemin, lui indiquer la voie à suivre dans la vie, dans les affaires. C'est, pour vous donner un exemple qui illustrera admirablement notre degré de sérieux dans cette tâche de rédaction, le personnage de Maître Yoda dans la *Guerre des étoiles*…

Les mentors permettent l'optimisation des compétences des nouveaux mais aussi assistent les dirigeants et les managers dans leurs prises de fonction, dans l'élaboration de stratégie ou dans la motivation des troupes.

Le mentor est le passeur de l'héritage fait d'expériences et d'ingéniosité légué par les générations précédentes. Il est souvent un témoin historique de son champ de compétences et est en mesure de donner un éclairage différent sur la situation actuelle à la lumière de son expérience de l'évolution des situations.

Le mentor accompagne la réflexion de son protégé sur le sens qu'il veut donner à sa vie professionnelle, parfois aussi à sa vie personnelle.

Ne pas confondre coach et mentor

Le coach et le mentor sont souvent confondus et, pour rester puriste et continuer ce travail de différenciation des rôles d'intervenants, nous dirons que le coach, s'il peut occasionnellement partager sur son expérience avec son client, est plus utile dans l'exercice du coaching : il fait émerger par sa curiosité, par ses questions, par ses étonnements et son refus de la langue de bois, des solutions neuves, fraîches, actuelles, adaptées à la situation réelle, présente... ce qui ne dispense personne d'une piqûre de rappel culturel : ne pas connaître le passé nous condamne parfois à le répéter...

Le coach n'est pas un spécialiste de la transmission du savoir

Le formateur dispense un savoir suivant une méthode et des objectifs pédagogiques : il délivre un contenu, des connaissances théoriques ou pratiques reliées à une technique, un métier, une discipline, un art ; il organise cette transmission de sorte qu'elle informe et forme les personnes qui reçoivent ce savoir ; il se porte garant de la validité des apprentissages, des savoir-faire et des savoir-être qu'il transmet.

Le formateur a pour objectif de développer une aptitude, une qualité, de façonner l'esprit de son élève (étudiant, stagiaire, apprenti, etc.). Il lui permet de s'instruire, de s'enrichir de connaissances, de se cultiver.

Le coach n'est pas un formateur, il ne donne pas de réponses, il ne transmet pas de savoir mais, au contraire, pose des questions, demande à son client de sans cesse réinventer ce qu'il sait déjà, de le recombiner, de le réactualiser ou alors d'aller chercher l'information qui manque si nécessaire.

Il est possible cependant que le coach soumette à son client des concepts qui pourront le faire réfléchir et lui offriront un nouveau point de vue sur sa problématique, ou encore qu'il lui enseigne des compétences utiles en communication et dans la relation aux autres, le coach fait alors un transfert de compétences.

D'autre part, le coaching étant d'origine nord-américaine, la façon de penser qui le sous-tend, les présupposés culturels qui le traversent, peuvent demander à un Européen un grand changement dans sa manière de penser.

Il est essentiel que le coach soit en mesure de mettre son modèle d'intervention dans son contexte et d'expliciter sur quelles hypothèses il est fondé :

– Les gens font ce qu'ils font parce qu'ils n'ont rien trouvé de plus motivant à faire.
– Les gens ne savent pas ce qu'ils veulent vraiment : demandons-leur.
– Une question est une opportunité pour une prise de conscience.
– La motivation naturelle trouve sa source dans un objectif qui est parfait pour soi.
– Une personne en bonne santé émotionnelle a le besoin irrépressible de se réaliser.
– Rares sont ceux qui ont réalisé leur potentiel réel.
– Comprendre ses peurs est plus utile que de les cacher ou de les contrôler.
– La personne est responsable de la satisfaction de ses propres besoins.
– Une faiblesse cache souvent une force essentielle.
– On résiste quand on pense que ça reviendrait trop cher de changer.
– S'occuper vraiment de soi, c'est vraiment généreux pour les autres.
– Quelle que soit la situation, on peut toujours l'optimiser.
– On peut toujours trouver une voie plus simple et plus directe.
– À chaque problème correspond une cause simple.
– Un environnement adapté participe à notre évolution.
– Identifier et assumer ses particularités, ses valeurs, ses ressources, permet de mieux progresser.
– L'équilibre est à la croisée de l'intégrité et de la responsabilité.
– Évoluer vers des paradigmes plus larges est souvent utile.
– Plus on augmente ses sources d'énergie, plus on vit.
– Savoir communiquer n'est pas inné, cela s'apprend.
– La stratégie d'abord, le plan d'action après.
– Mettre en place des systèmes, programmer des actions améliore la productivité.
– Notre vie se mesure à nos exigences de qualité : un faible niveau d'exigence coûte plus cher qu'on ne le croit, etc.

Le coach ne se substitue pas à un parent

Le coach ne joue ni le rôle de père ni celui de mère ni d'aucune autre figure affective pour son client : en bref, il décourage les transferts.

Dans toute relation entre deux êtres humains, il se passe des phénomènes de projection et de transfert. La projection, c'est lorsque nous attribuons à autrui des sentiments, émotions, pensées qui nous sont propres. Et le transfert, c'est ce que nous faisons quand nous recréons avec une personne la configuration affective que nous avons déjà expérimentée le plus souvent avec un parent ou quelqu'un qui a pris soin de nous dans notre enfance.

Le client, dans son tête-à-tête avec le coach, tente parfois de rejouer un scénario relationnel qu'il répète sans cesse dans une tentative de résoudre un conflit émotionnel qui est resté « en suspens ».

Ou alors comme le coach crée une bulle d'entretien faite de confiance réciproque, qu'il valorise la personne, la soutient et lui accorde un respect inconditionnel, il apparaît parfois à son client comme le « bon parent idéal », cela peut déclencher en lui le désir de se laisser materner ou « paterner » et provoquer certaines régressions.

Le risque est que le coach adopte avec un client une attitude parentale qui va dénaturer la relation. En ne reconnaissant pas les éléments de responsabilisation et d'autonomie de son client.

Des éléments de responsabilitation et d'autonomie

- Chacun est entièrement responsable de sa vie et des résultats qu'il obtient.
- Chacun est en mesure de se prendre en charge.
- Chacun a accumulé une vaste expérience personnelle, quel que soit son âge, pour peu qu'on s'y intéresse.
- Chacun possède toutes les ressources nécessaires pour mener sa vie.
- Chacun est capable d'apprendre de nouvelles manières de faire et d'être.
- Chacun demande simplement à être autorisé à faire, à déployer ses ailes.
- Chacun est assez fort pour ne pas avoir besoin d'être protégé de l'échec éventuel, du stress, de la souffrance, de l'effort, des autres.

Ainsi, le coach peut infantiliser son client et le maintenir dans un état de dépendance (je te prends en charge, je sais ce qui est bon pour toi, je fais à ta place, je te protège, etc.).

Le coach n'encourage pas chez son client le transfert de ses conflits psychiques et affectifs sur sa personne. Cela ne fait pas partie de son métier comme cela est le cas pour le psychanalyste. Pour éviter ce type de situation, le coach a en général fait le point sur ses propres motivations, ses besoins, ses insécurités, ses propres situations affectives en suspens. Il a enraciné sa pratique dans des valeurs et il est résolument orienté « présent, action, autonomie ». Il travaille depuis une position d'adulte.

Et il s'engage aussi à ne pas jouer les apprentis sorciers avec ses clients qui manifestent des symptômes de mal-être. Il sait reconnaître les limites de ses compétences et il réfère les personnes en souffrance psychologique, dont l'état émotionnel exige que l'on s'en occupe ou qui manifestent le besoin de faire un travail de régression, à un spécialiste de la santé mentale, au psychothérapeute.

Le coach n'est pas un spécialiste de la santé mentale

Le psychothérapeute est celui qui s'occupe de soigner un patient quand sa souffrance est psychologique (le suffixe -thérapie signifie « soin, cure ») : c'est un professionnel de la santé mentale.

Il traite les troubles psychiques ou somatiques par des procédés psychiques (psychanalyse et pratiques dérivées) et procède à des investigations de l'inconscient, des retours dans le passé de la personne, des analyses de son discours, des interprétations du récit de son histoire, de ses rêves, de ses fantasmes et délires.

Le psychothérapeute dispose d'une théorie de la personne, théorie qui décrit dans son ensemble la structure psychologique d'une personne « normale », l'ensemble des forces et pulsions qui motivent son action et leur équilibre optimal. Il est formé pour reconnaître les symptômes de dysfonctionnement et traiter des pathologies, poser des diagnostics et préconiser une cure pour aider à la résolution de conflits psychiques.

Le psychothérapeute reçoit des patients, c'est-à-dire des individus en souffrance qui vont être l'objet d'un traitement par la parole, parfois accompagné d'un traitement chimique pour réguler l'humeur.

Le psychothérapeute a pour objectif la réparation de l'intégrité personnelle et cherche avec son patient la cause, la raison, le motif de son mal-être. Pour ce faire, il s'intéresse à l'origine de la dysfonction émotionnelle et cherche à donner une explication claire à une chose obscure, ambiguë et à jamais disparue : le passé de son patient.

Points clés

Le coach travaille avec des client, et non des patients. Il accompagne non pas la partie de la personne qui subit le mal-être, se comporte en victime ou attend d'être prise en charge, mais cette partie d'elle-même qui souhaite se réaliser, accomplir son potentiel, exprimer ses talents, partager son expérience, entrer en relation avec les autres, aller de l'avant, construire sa vie professionnelle ou personnelle, grandir, évoluer.

Le coach ne prend pas en charge la souffrance de la personne, il n'a pas la compétence pour le faire. Il n'est pas formé pour traiter des conditions psychiques limites telles que la dépression, l'anxiété, les conduites compulsives ou destructives (toxicomanie par exemple), les troubles de la personnalité, etc. Il réfère la personne en souffrance à des spécialistes qui vont l'accompagner dans un travail de reconstruction.

Le client du coach ne le sollicite pas pour un soin mais parce qu'il a un désir d'évolution professionnelle ou personnelle, la motivation de mener à bien un projet, de réaliser quelque chose, de concrétiser un rêve, d'élaborer une manière de faire, de réussir dans une entreprise, etc.

Le coach est orienté solution, il est orienté action : il travaille alors à l'alignement de la motivation, de l'énergie physique, psychique et émotionnelle, des valeurs, de l'écologie générale de son client avec les objectifs qu'il s'est fixés.

Le coaching vise entre autres une mise au jour et une mise à jour des stratégies et des ressources de la personne ; il s'agit d'actualiser des savoir-faire et des savoir-être parfois obsolètes pour que les mises en action soient le plus productives possible.

Par exemple, si vous êtes aujourd'hui adulte et que vous continuez à réagir à l'autorité de la même manière que lorsque vous étiez adolescent, que vous vous adonnez à votre propre détriment à la procrastination, il peut être utile pour vous de revoir cette stratégie et de choisir de la conserver si vous estimez qu'elle vous apporte plus de bénéfices que d'inconvénients, ou alors de la remplacer par un comportement et une attitude mieux adaptés.

Il arrive parfois que l'intervention du coach ait un effet thérapeutique. Ceci est dû au fait que les questions qu'il pose offrent un angle de vue nouveau sur une situation qui générait des ressentis négatifs, ou au fait qu'il autorise l'abandon de certaines croyances limitantes, de stratégies poussiéreuses, de résistances improductives, etc.

La mise en action de la personne a aussi pour effet de détourner son attention de la souffrance, de la plainte, du malheur : en bref, le client trouve mieux à faire que de subir et souffrir...

D'autre part, en connaissant une suite de succès, en recevant des marques de reconnaissance, d'estime, des encouragements et un respect inconditionnel, l'estime de soi de la personne augmente et lui permet de se considérer autrement.

La relation de coaching se tisse entre deux personnes adultes et autonomes : il n'est pas question ici que l'un sauve l'autre ou l'infantilise ou le soigne ou le porte. C'est une relation de partenariat.

Le coach ne concentre pas son attention sur le « pourquoi ça ne va pas », mais explore sans cesse le « comment faire mieux, autrement, plus efficace, plus intègre, et plus utile » : il cherche avec son client la manière la plus adaptée pour accomplir une action donnée afin de produire le résultat qui est attendu.

Parfois, certains coachs connaissent mal les frontières entre le coaching et les autres disciplines et peinent à définir clairement leur métier et leur rôle. Il leur arrive d'accueillir des personnes qui ne relèvent pas de leurs services. La relation de coaching qui est condamnée à moyen terme débouche alors sur des malentendus, le coach étant dépassé par les événements et le client se comportant en patient, exprimant de plus en plus de mal-être et de frustration de ne pas voir sa demande réelle entendue et prise en compte.

Points clés

La thérapie et le coaching partagent un terrain d'intervention commun : la personne ! Mais leurs propos et leurs modes d'intervention sont diamétralement opposés.

Les thérapeutes ont un rôle clé dans la société dans le domaine de la santé mentale et sont formés et expérimentés pour offrir un suivi de travail personnel à leurs patients, ce que les coachs ne peuvent pas offrir.

Ni ami, ni magicien, ni Superman...

◆ **Le coach n'est pas payé pour être l'ami de son client.** S'il peut éprouver de la sympathie, de l'estime pour son client, il garde une certaine distance professionnelle le temps de l'accompagnement. Une trop forte complicité, un lien d'amitié peuvent empêcher une juste prise de recul et amoindrir l'efficacité des processus qui se teintent de trop d'affectivité.

◆ **Le coach n'est pas non plus un magicien !** Certains clients prennent vraiment le coach pour un magicien : je dis mon objectif au coach, et hop, ça va se réaliser ! C'est bien dommage pour le coach lui-même qui n'aurait alors plus jamais de soucis : le coach ne connaît pas de formules étranges, de procédés occultes, il n'est pas en lien avec une quelconque entité qui lui accorderait un pouvoir merveilleux.

◆ **Le coach n'est pas non plus Superman ou Wonderwoman.** D'autres victimes de la pensée magique imaginent que le coach est doté de superpouvoirs et qu'il va faire d'eux des super-héros. Que ce coach est un individu hors normes, qui possède plus de force, plus de talents ou de contrôle sur soi ou sur le monde que le commun des mortels. Parfois, il arrive aux coachs que nous sommes de réveiller des clients qui rêvent les yeux ouverts !

Le coach est lucide !

Points clés

Plus insidieux et complexe, le coach n'est ni un directeur de conscience ni un gourou. Il n'a pas à diriger quelqu'un en matière de morale ou de religion. Il ne forme pas des disciples, des chapelles, des églises (voir « Exemples de dérives sectaires », p. 110).

Ne peut donc pas être considérée comme un coach une personne :
– qui vous vend la recette du bonheur ;
– qui ne vous expose pas clairement quelles seront les règles de l'entretien ;
– qui s'exprime par des impératifs et dont le message est « formate-toi » ;
– qui vous dicte votre comportement ;
– qui ne respecte pas votre rythme ;
– qui vous confronte systématiquement, ou qui vous harcèle ;
– qui vous utilise à ses propres fins : revalorisation de son ego, comblement de ses manques, demandes de services, etc. ;
– qui vous considère comme une tirelire ;
– qui se décharge avec vous de ses frustrations personnelles ou professionnelles ;
– qui est impliquée émotionnellement de manière personnelle ;
– qui se permet de vous mettre dans un état interne invalidant ;
– qui vous critique ou vous humilie ;

– qui ne respecte pas une certaine distance professionnelle, qui est trop familière ;
– qui n'a pas réglé pour elle-même ce qu'elle prétend vous accompagner à régler, équilibre énergétique, émotionnel, affectif, etc. ;
– qui est entourée d'un fan-club, d'une cour ou d'un cercle de personnes en état de dépendance affective ;
– qui se réfère à un modèle contraignant qui limite son client ;
– qui n'a reçu aucune formation ou n'a jamais pratiqué : être coach, c'est coacher ;
– qui privilégie le résultat sur votre « écologie » ;
– qui veut que vous réussissiez pour lui et non pour vous ;
– qui tente de créer avec vous une relation de dépendance ;
– qui centre sa communication sur la promotion de sa personne ;
– qui est avant tout un entrepreneur et qui n'a ni l'attitude coach ni la vocation, ni la culture, etc.

1.2 La qualité du coaching

Il faut dire que le manque d'exigence dans la formation des coachs ne vient en rien améliorer l'image du coaching. En effet, certaines personnes fondent leur pratique après des formations de 3 à 6 jours ou des séminaires de 60 stagiaires où le nombre fait qu'elles assistent plus à de l'animation au coaching qu'à un réel transfert de compétences.

Dans ce contexte, il est difficile de reprocher aux détracteurs du coaching de se faire entendre. Pourtant, devant certains points de vue aussi partiels que partiaux, les coachs demandent à ces critiques de ne pas se contenter d'une vision superficielle et de fonder leur jugement sur une recherche plus documentée.

Cette tâche d'une meilleure définition du métier et de son public cible revient en premier lieu aux associations et fédérations qui défendent ce métier.

Le coaching est aujourd'hui utilisé dans à peu près tous les secteurs d'activité, à la mesure de l'esprit d'entreprise et du talent des coachs. Des professionnels de la relation d'aide, psychologues, infirmières, médecins, praticiens en PNL, sophrologues, gestaltistes, etc., se forment aux techniques pour intégrer les procédures à leur pratique. Des parents et des professeurs suivent des formations pour mieux guider les enfants dans leurs études.

1.3 Une relation gagnant/gagnant entre deux ou plusieurs partenaires

Nous avons, pour la plupart d'entre nous, été élevés dans une société hiérarchisée où l'approche diriger/contrôler était dominante. L'autorité s'exerçait du haut vers le bas. L'action de chacun était déclenchée sur ordre et canalisée dans un certain nombre de tâches. Le résultat obtenu était ensuite contrôlé pour vérifier sa conformité aux attentes, parfois d'ailleurs inexprimées : un résultat jugé non conforme était passible d'une sanction, d'un blâme, voire d'un renvoi...

Certains coachs engagent avec leurs clients des relations de ce type, dominant/dominé, et dirigent leurs clients au lieu de les accompagner. Nous sommes alors en droit de nous demander si le coaching a bien été compris !

Le coach vise à l'autonomie de son client

En effet, le coaching ne vise pas à faire avancer une personne selon le vieux truc de la carotte et du bâton : si tu avances, tu pourras croquer la carotte (intérêt financier, reconnaissance, récompense, promotion, etc.), si tu n'avances pas, tu vas recevoir un coup de bâton (punition, malus, rétrogradation, retrait d'affection, etc.).
Une partie de la mission du coach est de viser l'autonomie de son client...

Cette motivation, dite extrinsèque (qui vient de l'extérieur), est coûteuse en énergie, elle demande de surveiller, de contrôler, de punir... Elle a une fâcheuse tendance :

- à infantiliser la personne ;
- à la déresponsabiliser ;
- à faire en sorte que dès que la récompense cesse, le rendement cesse aussi ;
- à générer des relations très désagréables entre celui qui tient le bâton et celui qui court après la carotte.

Le coaching directif, à la mode dans les années 1980 en Amérique du Nord, a heureusement évolué vers plus de prise en compte de l'humain et de son équilibre. La pression que le coach exerçait sur son client donnait des résultats à court terme qui ne se maintenaient pas dans le temps. La limite entre un stress positif et un stress négatif était souvent franchie.

Le culte de la performance et les rapports de pouvoir n'ont pas disparu, loin s'en faut (voir p. 70), mais une revendication se fait jour dans la société actuelle pour plus de considération, plus de respect, plus de partage des responsabilités, peut-être due au fait que les individus sont de plus en plus scolarisés, éduqués, informés, sensibles.

Le coaching n'est pas un jeu de pouvoir entre deux personnes, mais une dynamique dont les tenants et les aboutissants sont définis en commun. Le coach est responsable du processus d'accompagnement et le client est responsable de la mise en action de la stratégie et du plan d'actions élaboré pour lui permettre d'atteindre son objectif.

Le coach préfère travailler dans un esprit de collaboration avec son client. Il instaure un rapport de confiance qui lui permettra d'établir un réel partenariat avec la personne. En écoutant son client, en explorant avec soin sa situation, en l'interrogeant sur ses réels désirs et ses motivations profondes à poursuivre et à atteindre les objectifs qu'il s'est fixés, le coach va faire émerger en lui une motivation dite intrinsèque (qui vient de l'intérieur).

Points clés

– Motivation extrinsèque : tu me demandes de faire quelque chose, tu me promets en échange une récompense (ou une-non punition), donc je le fais.
– Motivation intrinsèque : je le fais parce que j'ai envie de le faire, parce que cela correspond à une valeur dans ma vie.

La motivation est essentiellement liée au sens que l'on trouve à ce que l'on fait, c'est-à-dire à la satisfaction d'un besoin ou d'une valeur. Abraham H. Maslow nous a laissé, entre autres grandes idées, la pyramide de satisfaction des besoins, qui va des besoins physiologiques au besoin d'accomplissement, en passant par les besoins de sécurité, d'appartenance et d'estime de soi.

La pyramide de Maslow

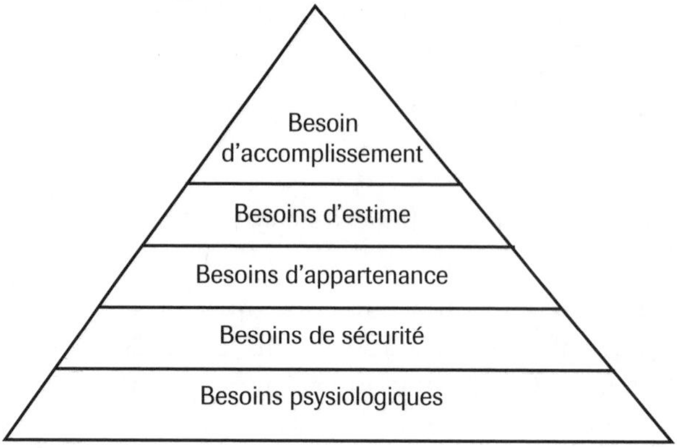

Si la pyramide se resserre vers le haut, son impact sur la motivation va au contraire en s'élargissant. Les besoins doivent être satisfaits du bas au sommet de la pyramide mais, une fois comblés, ils n'agissent plus comme moteur de la motivation, jusqu'à ce qu'on arrive au besoin d'accomplissement. Le désir de réalisation de soi n'est en effet jamais assouvi. Au contraire, la réalisation de ce besoin augmente la motivation au lieu de l'éteindre. C'est là que l'on trouve la passion, c'est là que l'on trouve la motivation intrinsèque la plus forte.

La motivation intrinsèque évite au coach d'endosser le rôle du Père Fouettard qui menace ou du Grand Motivateur qui pousse à toute force la personne à l'action. Le coach peut ainsi fonctionner avec son client dans une relation gagnant/gagnant d'« interdéveloppement ».

Ce partenariat favorise l'évolution du projet et la synergie de deux personnalités accroît l'efficacité de chacun et permet de trouver des manières toujours plus simples et directes (on dit aussi élégantes) pour atteindre les objectifs fixés.

1.4 Qui est le client du coach ?

Nous avons précisé que le client du coach est une personne suffisamment équilibrée psychologiquement et adaptée socialement pour envisager des changements.

Il peut être plus confortable pour un coach de s'adresser à une catégorie déterminée de clientèle :

– soit qu'il ait fréquenté longtemps un milieu professionnel, associatif ou autre, dont il maîtrise bien le langage, le marché, les enjeux ;
– soit qu'il ait décidé de pratiquer plus particulièrement un certain style de coaching (de performance, d'équipe, sportif, Life Coaching, etc.) ;

– soit qu'il favorise les interventions les plus lucratives ;
– soit qu'il ait fait le choix d'une certaine clientèle (femmes, hommes, adolescents, seniors, couples, etc.).

D'autres coachs se positionnent comme coachs généralistes et accueillent la demande en fonction de l'intérêt de la mission. Ils peuvent également décider de répartir leur temps d'intervention entre différents types de clientèle, histoire de varier les plaisirs !

Mais, dans tous les cas, le client du coach, c'est avant tout une personne ! Le sujet psychologique laisse la place au sujet éthique.

Le sujet psychologique et le sujet éthique

Le sujet psychologique :
– se pose la question « pourquoi (ça ne va pas) ? » ;
– interprète les situations de son passé, les ressentis ;
– relie les effets à des causes ;
– se questionne sur son identité problématique ;
– s'interroge sur le roman familial ;
– cherche à se connaître de manière introspective ;
– considère qu'il est déterminé par son passé.

Le sujet éthique :
– se pose la question « comment (mener ma vie) ? » ;
– tire l'apprentissage des expériences vécues ;
– sait que les résultats qu'il obtient sont circonstanciels ;
– mais qu'il peut répéter une stratégie gagnante et abandonner une stratégie obsolète ;
– cherche à se connaître dans l'action et dans la relation à l'autre ;
– se réfère à une règle de vie à respecter ;
– fonde sa vie sur des valeurs ;
– considère qu'il est en apprentissage continu.

Le sujet éthique marque le passage d'une ère où la question première était « pourquoi je suis comme ça ? » à une nouvelle ère où ce qui importe c'est « comment je deviens ? ». Le client du coaching est cette personne qui assume son libre arbitre, sa responsabilité, le client du coach est cette personne qui se fait.

1.5 La relation de coaching

Certaines personnes en quête d'un accompagnement se trompent de porte : elles frappent à la porte du coach quand c'est d'un suivi psychothérapeutique dont elles ont besoin. Il est aussi possible qu'elles soient en demande d'une formation, d'une relation avec un mentor ou à la recherche de conseils ou des avis autorisés d'un expert.

Points clés

Plus les différentes approches seront clairement différenciées et plus le coaching sera reconnu pour ce qu'il propose, une relation forte, limitée dans le temps, dans laquelle le coach va :
– créer un rapport de qualité en se centrant sur la personne, en l'acceptant inconditionnellement, en étant congruent et en sachant faire preuve de flexibilité.
– tenter de comprendre très précisément ce que cette personne exprime dans son comportement et dans son discours, l'écouter attentivement et entrer dans sa dynamique propre ;
– l'accueillir, la valider, la valoriser, l'encourager, etc. ;
– et l'accompagner : lui fournir des stratégies de résolution de problèmes, des activateurs de ressources, des questionnements maïeutiques, des feedbacks sur ses actions, des témoignages, des partages, etc.

L'accompagnement du coach s'inscrit dans le cadre d'une acceptation bienveillante et inconditionnelle du caractère unique de la personne que nous sommes, afin de nous permettre de renouer le contact avec notre propre volonté et nos propres désirs.

Le coach est une personne ancrée dans le présent, réaliste, ouverte et confiante. Il est épanoui dans son métier, en bref, il est congruent : il dit ce qu'il fait, il fait ce qu'il dit. Il a obtenu pour lui-même ce qu'il aide son client à obtenir.

Quand les rapports du coach avec son client sont authentiques, que chacun dans cette relation est en accord avec lui-même et avec les émotions et les réflexions qui circulent dans l'échange, l'entretien de coaching devient un lieu privilégié où le client peut laisser s'épanouir ses émotions, sa créativité, conquérir son autonomie.

Il arrive que certaines personnes, aussi motivées soient-elles à expérimenter le coaching, résistent de manière consciente ou inconsciente au processus, refusent de remettre en question leurs manières de faire ou d'être.

La relation de coaching a pour objectif de faire évoluer la situation, de permettre des prises de conscience débouchant sur une actualisation des stratégies de la personne : si la résistance est plus forte que la motivation au changement, il est plus honnête pour chacun de faire le point sur les difficultés rencontrées, de voir si on peut y remédier et, dans le cas contraire, d'abandonner la relation.

Plus le coach assume son métier et ses caractéristiques propres, ses principes et son code déontologique, plus il sera en mesure de référer les clients qui ne relèvent pas de ses compétences aux spécialistes concernés.

Le coach s'adresse à un adulte qui dit « je veux » et non « les autres font que je… », qui se met en action et non qui attend que les choses arrivent, qui est réaliste et non dans la pensée magique, qui est responsable et non dans des fantasmes de toute-puissance, etc.

La relation de coaching est une relation de coresponsabilité. Ce qui signifie que le coach prend l'entière responsabilité du processus d'entretien, il veille à fournir une prestation de qualité, mais il laisse aussi l'entière responsabilité à son client de mener à bien les mises en action qu'il s'est engagé à accomplir.

Fondé sur l'observation de l'être humain, hors de toute tentative d'interprétation qui prétendrait le définir, le coaching prend en considération la personne dans ce qui fait son humanité et son individualité, son unicité.

2. Formatage et manipulation

Par « formatage et manipulation », nous entendons aborder une question particulièrement sensible dans les métiers relationnels et donc pour le coaching, à savoir : le coach accompagne-t-il son client vers un objectif librement choisi par celui-ci ou vers un objectif non choisi, voire, dans le pire des cas, un objectif non connu de lui ?

En d'autres termes :

– Le coaching adapte-t-il simplement l'individu à la situation ? Le conforme-t-il ?

– Est-ce un prêt-à-porter du bonheur, de l'équilibre, du comportement ?

– Le coach est-il un manipulateur ?

– Y a-t-il danger de dérives sectaires ?

Le coaching : définition

Selon la définition de la Fédération francophone des coachs professionnels, le coaching est un processus d'accompagnement qui favorise la prise de conscience par une personne (ou un groupe/équipe) de ses modes de fonctionnement, avec l'objectif de dépasser la situation dans laquelle elle se trouve et d'atteindre ses objectifs professionnels et/ou personnels qu'elle s'est fixés en toute autonomie.

On parle bien ici d'objectifs que la personne s'est fixés en toute autonomie. Or la question posée ci-dessus est légitime dans la mesure où :

– le coaching n'est pas toujours demandé par le coaché ;

– le titre de « coach » est largement utilisé par des personnes qui n'exercent pas le métier de coach professionnel décrit dans cet ouvrage, ou qui exercent cette profession sans les (et non pas la) formations et le travail sur soi préalables nécessaires à un bon professionnalisme.

Exemples de dérives

Voici quelques situations qui peuvent illustrer de potentielles dérives du coaching :

- Le titre de coach est utilisé par des personnes qui n'ont pour objectif que de vendre quelque chose, une marchandise, un service ou du vent. Or on peut penser que conseillers, agents commerciaux ou gourous n'ont pas pour (seul ?) objectif l'intérêt de leur client.

- Le titre de coach est utilisé en association à celui de manager ou même le remplace. « Je ne suis pas votre manager, je suis votre coach. » Si l'on peut vivement recommander aux managers l'adoption des « comportements coachs », il n'en reste pas moins que ces derniers doivent rendre compte des résultats des personnes qui sont sous leur responsabilité hiérarchique. Ceci les amène parfois à trancher dans un sens qui n'est pas en ligne avec les attentes du « coaché », et donc à décider à sa place.

- Le coaching en entreprise n'est pas toujours demandé par la personne coachée mais parfois recommandé ou imposé par sa hiérarchie à la suite d'un problème relationnel ou de mauvaise performance, par exemple. Le coaché, n'est pas dans ce cas, libre de l'objectif, même s'il y adhère (on ne peut de toute façon pas coacher efficacement quelqu'un contre son gré).

- Quant au coach professionnel, comment réagira-t-il si son client, brillant cadre supérieur dans une grande entreprise et en charge d'une famille nombreuse, lui dit qu'il veut tout quitter pour se lancer dans une nouvelle activité socialement moins valorisée et pour laquelle il n'a pas de compétences acquises ? Va-t-il essayer de l'en dissuader parce que ceci est contraire à sa vision de la « réussite » ou parce que cela réveille en lui des peurs ? En d'autres termes, est-il capable de ne pas juger et de ne pas se projeter dans la relation avec son client ?

Il y a donc un réel risque de manipulation de la part du « coach » pour « guider » son client plutôt que « l'accompagner ».

2.1 Influence, manipulation et formatage

Arrêtons-nous un instant sur les différences qu'il y a entre l'influence, la manipulation et le formatage.

Lors d'une réunion de travail sur ce sujet, un coach compétent exprimait l'opinion que chaque fois qu'il y a relation entre personnes, il y a manipulation puisque chacun va être influencé par la présence, l'attitude, les mots de l'autre. Il est donc utile en préambule de clarifier ce que l'on entend par ces mots.

> Prenons un exemple de la vie de tous les jours. Vous êtes seul(e) dans une pièce. Une autre personne entre, que vous ne connaissez pas et il n'y a pas de raison que vous entriez en communication avec elle. Il est probable pourtant que votre comportement change immédiatement. Cela peut être au niveau des émotions : vous ressentez de la sympathie, une envie de plaire, ou au contraire de l'antipathie, de la gêne. Vous allez peut-être changer votre posture ou lui adresser la parole. Dès qu'il y a deux personnes ou plus en présence, il y a influence réciproque. Peut-on dire pour autant qu'il y a manipulation ?

Il est indéniable que le coach influence son client pour l'amener vers son objectif plus vite et avec moins d'efforts. Et c'est pour cela que le client fait appel à lui. Mais, comme tout métier relationnel, la qualité du travail de coaching dépend largement de la confiance qui règne entre la personne coachée et le coach. Cette confiance s'établit d'abord de manière intuitive. Les professionnels des ressources humaines parlent parfois de « chimie » pour indiquer que le courant passe ou ne passe pas entre les personnes. Toutefois, les enjeux du coaching en entreprise et du coaching privé sont tels que l'on ne saurait en rester là. Une personne mal intentionnée peut en effet abuser de cette confiance, pour exercer un pouvoir, ou pour ne pas apporter ce à quoi elle s'est engagée.

Il y a dérive lorsque le coach utilise la confiance que son client lui accorde pour lui faire entreprendre des actions sans que celui-ci s'en aperçoive ou en lui forçant la main. C'est un jeu psychologique. Il y alors manipulation.

Le formatage, quant à lui, est un sous-produit de la manipulation. En tapant le mot « formatage » sur un moteur de recherche Internet bien connu, les vingt premières propositions concernent le formatage du disque dur des ordinateurs. Et finalement la métaphore est tout à fait appropriée. Le formatage informatique consiste à effacer toutes les informations qui se trouvent sur un disque, à le diviser et à y inscrire des programmes et informations qui définissent la façon dont les données seront enregistrées et lues. Remplacez « disque » par « cerveaux » et vous comprenez les craintes que l'on peut avoir dans ce domaine. Le formatage consiste donc ici à orienter une personne dans la façon dont elle doit considérer le monde, la société, l'entreprise et elle-même.

Il s'agit bien sûr d'un abus de confiance qui peut être motivé par différents facteurs :

– le coach peut rechercher un bénéfice financier au détriment de son client ou exercer un trafic d'influences (voir à ce titre l'encadré ci-dessous sur les « Les enjeux financiers du coaching ») ;
– il peut être amené à jouer le jeu de l'entreprise qui paie ses factures et essayer de convaincre la personne coachée de la façon dont elle doit se comporter ou penser ;
– il peut avoir pour objectif de recruter des disciples pour une secte ;
– il peut s'agir pour le coach d'imposer son propre modèle du monde et de la société à son client, ce que doit être et faire un homme ou une femme « bien » ;
– il peut s'agir d'exprimer un besoin personnel de pouvoir.

Les enjeux financiers du coaching

Mettant en avant le « prétendu » enjeu financier du coaching et devant le phénomène de mode dans l'emploi du titre de coach, certains organes de presse se font largement l'écho des dérives liées à des pratiques qui n'ont rien à voir avec ce métier. En ce qui concerne la manne que représenterait le coaching, la réalité est que très peu de coachs professionnels vivent exclusivement de l'exercice de ce métier. On prétend souvent dans la profession que le seul moyen de gagner de l'argent dans le coaching, c'est de l'enseigner et on voit les centres de formation fleurir un peu partout, laissant le candidat coach désireux de recevoir un apprentissage de qualité dans l'expectative.

Il est d'ailleurs notable que lors de conférences ou participations à des salons sur le coaching, le plus grand intérêt vient de personnes qui cherchent à devenir coachs à leur tour.

2.2 Le cas du coaching en entreprise

Ce problème est suffisamment sensible pour que les entreprises et administrations se soient posé la question et aient pris certaines précautions.

Le risque de manipulation peut s'exercer dans plusieurs directions :

◆ **La manipulation peut se faire au détriment de l'entreprise ou administration.** On imagine aisément les dégâts que pourrait occasionner un gourou qui manipulerait un chef d'entreprise ou un officier supérieur au ministère de la Défense.

◆ **La manipulation peut aussi s'exercer au détriment de la personne coachée.** Le coaching en entreprise est un contrat dans lequel trois ou quatre parties sont engagées avec des intérêts qui peuvent être divergents, en particulier entre la personne coachée et l'entreprise. Il y a un risque dans ce cas que le coach joue le jeu de l'entreprise en essayant de convaincre le coaché de se conformer inconditionnellement aux exigences et aux vues de l'organisation, sans tenir compte de son propre équilibre.

Des moyens de contrôle en matière éthique

Les entreprises peuvent se protéger en vérifiant au minimum le professionnalisme du coach auquel elles font appel, de la même manière qu'elles évaluent les personnes qu'elles recrutent. Il convient de vérifier plus particulièrement :

– son expérience professionnelle ;

– les formations suivies par le candidat (coaching, psychologie des personnes et des organisations...) et leur qualité ;

– son appartenance à une association professionnelle ;

– son adhésion à un code de déontologie.

Il peut également être supervisé par un ou des confrères répondant à ces mêmes critères de professionnalisme.

Mais cela ne suffit pas. Tout comme pour un recrutement, les entreprises doivent aussi vérifier les références auprès d'autres clients du coach.

Ces précautions limitent le risque de faire appel à un charlatan mais ne protègent pas de tous les cas de figure soulevés plus haut. Le coach a sa part de responsabilité pour éviter les manipulations, y compris celles dont il serait victime.

Ce sujet est développé dans les paragraphes qui suivent mais il convient d'insister ici sur l'importance qu'il y a à définir un objectif sur lequel toutes les parties sont d'accord.

Définir un bon objectif

Une des premières choses que le coach fait avec son client est de se mettre d'accord sur l'objectif de l'accompagnement. Savoir où l'on va et mesurer régulièrement l'avancée du cheminement limite les risques de manipulation et de dérive.

Point clé

> Définir un objectif précis et des critères de mesure augmente les chances d'atteindre ledit objectif. C'est un travail préalable à toute démarche de coaching. On ne fait pas appel à un coach pour tenir compagnie à un cadre supérieur victime de la solitude des hautes sphères, ou pour partager des discussions philosophiques sur la vie en entreprise.

Ceci a l'air évident et pourtant l'expérience montre que la fixation d'un véritable objectif n'est pas toujours facile. Le coach doit chercher le véritable but, « le but du but ». Et cela peut prendre plusieurs heures ou n'apparaître que dans une deuxième étape.

> Ainsi de cette jeune personne qui avait été nommée à un poste de management pour lequel elle avait toutes les compétences techniques et relationnelles. Depuis sa prise de fonction, elle prenait du retard dans son travail et avait demandé à être coachée sur la gestion du temps. Après analyse avec elle, il s'est avéré qu'elle n'avait pas désiré sa promotion et qu'inconsciemment, elle se freinait dans l'exécution de ses fonctions.

Dans le cadre de l'entreprise, un objectif trop vague, tel que « diminuer son stress », « avoir un meilleur équilibre entre vie professionnelle et vie privée », peut donc mener à des abus.

Point clé

> Pour le coach professionnel, la personne est toujours plus importante que son objectif. Rien ne justifie de sacrifier l'équilibre d'une personne dans le seul but d'atteindre un objectif, qu'il soit personnel ou fixé par l'entreprise.

Savoir qui est le client

En coaching d'entreprise comme en merchandising, la question se pose de savoir qui est le client (cf. « Vivre et agir en acteur responsable : challenge ou utopie ? », p. 47). Est-ce la fameuse « ménagère de moins de 50 ans » qui achète des confiseries pour les enfants et qui paye la note à la caisse, ou les enfants qui l'accompagnent ou pas et qui mettent leurs produits favoris dans le Caddie physiquement ou symboliquement ? En d'autres termes, est-ce l'entreprise, qui paye la facture du coach et attend un retour sur investissement, ou la personne que l'on coache ? Tout va bien si les objectifs réels des uns et des autres correspondent. Mais il arrive parfois que ce ne soit pas le cas. Combien de cadres confient, en cours de coaching, qu'ils ont contacté des « chasseurs de têtes » parce qu'ils ne se retrouvent plus dans les valeurs ou les décisions de leur entreprise ? Que doit alors faire le coach ? Persuader la personne coachée qu'il faut rester et que tout n'est pas si mal alors qu'il y a un réel malaise? Accompagner son client sur sa voie et l'aider à trouver une solution au risque de décevoir l'entreprise et perdre de futurs contrats ?

On le voit, l'équilibre mental du coach est primordial. Pour amener ses clients à plus d'autonomie, le coach doit lui-même être autonome. Il ne s'agit pas ici de sa structure organisationnelle ni d'autonomie financière, encore que les deux puissent aider, mais de l'équilibre psychique que le coach s'efforce d'atteindre par un travail de développement personnel et par la supervision de ses pratiques professionnelles.

Point clé

Comme nul n'est à l'abri d'une défaillance, il est primordial que chaque coach professionnel puisse avoir accès à un lieu de supervision (cf. chapitre 1 et 8) de ses pratiques pour l'aider à résoudre ses éventuels conflits intérieurs. Car, bien sûr, le conflit est surtout intérieur. Il s'agit par exemple de ses croyances en des modèles de société, de peurs intangibles pour l'avenir, etc.

2.3 Le cas du coaching de particuliers

Pourquoi présenter séparément la situation du coaching en entreprise et du coaching personnel ? Parce que les deux catégories ne sont pas égales devant les moyens de protection, bien que les risques soient identiques dans leur nature, sinon dans leur portée.

« Le bonheur, si je veux », disait une publicité. Le coaching s'ouvre de plus en plus aux particuliers, qui acceptent de payer les séances de leur poche. En réponse à cette demande, de plus en plus de coachs se spécialisent dans le coaching personnel. On parle aussi de coaching de développement personnel et de *life coaching*, pour rester dans une note exotique.

Tout comme les entreprises ont vu dans les années 1980-1990 l'intérêt qu'elles pouvaient tirer du coaching de sportifs, les particuliers voient aujourd'hui tout ce que le coach professionnel peut leur apporter. Il est tout à fait légitime de penser que les particuliers ont tout à gagner sur le plan personnel puisque celui-ci peut les aider à atteindre leurs objectifs plus vite, avec moins d'efforts et plus de plaisir !

Or si certains particuliers font appel au coach professionnel comme d'autres font appel au coach sportif, c'est-à-dire pour améliorer leurs performances, d'autres ont recours au coaching quand ils sont dans une situation personnelle difficile.

Point clé

Voici, entre autres, ce que vise le coaching de particuliers :
- définir ses valeurs ;
- retrouver confiance en soi ;
- prendre du recul et clarifier ses objectifs ;
- trouver sa propre source de motivation ;
- découvrir ses ressources inconscientes ;
- développer sa faculté d'adaptation au changement ;
- apprendre à se poser les « bonnes questions » ;
- développer autonomie et estime de soi ;
- gérer son stress ;
- prendre une décision ;
- résoudre un problème ;
- mieux utiliser ses ressources ;
- trouver son équilibre personnel ;
- acquérir une meilleure qualité de vie ;
- bâtir la vie qui convient vraiment ;
- construire des relations humaines.

Certains de ces objectifs sont particulièrement poursuivis par des personnes qui se trouvent à des tournants de leur vie personnelle et/ou professionnelle, ou qui se posent des questions existentielles. Elles n'en sont que plus vulnérables à certaines dérives déjà citées plus haut, dans la mesure où elles ont besoin d'aide et sont souvent seules devant le professionnel ou le charlatan.

Les mêmes risques guettent aussi bien les particuliers que les entreprises. Les cadres sont cependant mieux armés pour se protéger dans la mesure où il y a un mécanisme de contrôle formel ou informel de la part de l'entreprise. De plus, les entreprises peuvent faire un appel d'offres et choisir entre plusieurs coachs, qu'elles connaîtront de mieux en mieux au fur et à mesure des missions qu'elles lui confieront.

Les particuliers ont quant à eux généralement beaucoup moins de choix. Ils trouvent leur coach par de petites annonces dans la presse ou par ouï-dire et en consultent rarement plus d'un avant de faire leur choix. Comme dans bien d'autres domaines de notre vie, nous passons plus de temps à choisir notre voiture que notre coach.

Ceci est encore plus crucial si l'on fait appel à un coach pour le compte d'un tiers. Par exemple, les parents qui désirent faire coacher leurs enfants pour les accompagner dans leur réussite scolaire. Il est évident qu'un bon coach professionnel peut, à la fois par sa maîtrise de l'accompagnement au changement et par la distance qu'il met entre lui et les problèmes de son client, aider dans certains cas des enfants à améliorer leur performance scolaire. Pourtant, les enfants sont particulièrement influençables et, parmi eux, les adolescents qui sont souvent en quête de sens, qui savent ce qu'ils ne veulent pas mais ne savent pas ce qu'ils veulent.

Les parents ont tout intérêt à être vigilants aussi bien sur le choix de leur coach que sur le suivi de l'évolution de l'enfant. Les personnes qui le désirent trouveront dans le chapitre « Protection et cadre juridique » (voir p. 124) des conseils pour diminuer les risques de dérives et de manipulations.

2.4 Dérives

Comme la plupart des métiers basés sur la confiance, le traitement des souffrances ou le développement personnel, le coaching n'est pas plus à l'abri des abus sectaires que les professions de santé, les avocats, les éducateurs, les psys, etc.

Il est d'autant plus facile pour les sectes de prétendre apporter « la vérité » universelle à quelqu'un qui est précisément en recherche d'une telle vérité, à l'heure où les repères traditionnels de la société qu'étaient l'Église, l'Éducation nationale et la République (le curé, l'instituteur et le maire) ne font plus recette. Sous la promesse d'un bonheur hypothétique qu'elles n'auront pas à livrer, les sectes amènent graduellement leurs victimes à une dépendance psychologique ou physique.

Les dérives concernent aussi d'autres sortes de manipulations. Dans certains cas, l'utilisation du mot « coach » ne présente pas d'ambiguïté dans la mesure où le client n'est pas dupe du fait que son interlocuteur ne cherche pas son intérêt exclusif. Vous vous attendez sans doute à ce que le « coach téléphonique » payé par un opérateur mobile vous recommande les produits de sa société et seulement ceux-là. Ces écarts de langage sont préjudiciables à la profession de coach bien plus qu'à ses clients.

Les dérives liées au manque de professionnalisme du coach sont tout aussi inquiétantes. Ceci est généralement dû à un manque de formations appropriées, de travail de développement personnel suffisant, de supervision et de remise en cause de soi-même ou tout simplement à un manque de talent pour ce métier. Ainsi, certains projettent leurs problèmes, leurs peurs ou leurs fantasmes sur leurs clients. D'autres pratiquent le coaching musclé de « monsieur je sais ce qu'il vous faut ». Dans tous les cas, ils essayent inconsciemment d'influencer les coachés sur les décisions et les options à prendre. Certains coachs enfin s'arrangent pour que leurs clients deviennent dépendants de leurs séances de coaching plutôt que de leur donner de l'autonomie. Ils font durer le travail de coaching sur des mois et des années sans que le client atteigne ses objectifs. On reconnaît un bon coach au nombre de contrats qu'il a mené à terme avec succès.

Point clé

Pour le coach professionnel, il n'y a pas de réponse toute faite aux demandes de ses congénères. Chaque personne est différente et doit trouver la motivation en elle-même. La réponse est fonction de la personnalité de chacun, de ses croyances sur lui-même et sur le monde, et on ne peut donc pas savoir ce qui convient à un autre.

3. Peut-on s'autoproclamer coach ?

Cette question quelque peu ordinaire illustre fort bien l'utilisation qu'en font les différents acteurs de la vie privée, publique et professionnelle. Sur ce dernier aspect, je citerai John Withmore dans l'introduction de son livre *Le guide du coaching* qui rétorque : « Le coaching est devenu la nouvelle tarte à la crème du management. On ne peut plus mettre le pied dans une assemblée de chefs d'entreprise, de directeurs du personnel, d'experts en ressources humaines ou de consultants sans entendre ce mot, employé à toutes les sauces. »

Cette profession non réglementée laisse à toute personne désireuse d'être « dans l'air du temps » la possibilité de s'approprier l'appellation « coach », sans autres formes de contraintes (cf. chapitre 1).

Point clé

Comme toute pratique professionnelle, le coaching passe par une formation, une adhésion à une déontologie, un cadre d'exercice de la pratique, les garanties en quelque sorte.

Nous allons décliner ces trois points et finir sur une dernière question, qui n'est pas la moindre : Est-ce un métier ? Peut-on parler de métier ?

3.1 Quelles formations ?

S'il est vrai que la maturité, la richesse du parcours professionnel, les expériences de vie – et donc l'âge de la personne – sont des éléments indispensables à une pratique éclairée du coaching, ils sont loin d'être suffisants.

Nous pouvons considérer également que des outils tels que la PNL (programmation neurolinguistique), l'AT (analyse transactionnelle), l'Ennéagramme, le MBTI et bien d'autres, sont autant d'éléments qui renforcent la pratique du coach (cf. chapitre 1). En revanche, la connaissance de ces outils ne suffit pas pour se prétendre coach.

Point clé

La maîtrise du processus ne s'acquiert qu'avec une formation sérieuse, suffisamment longue et ancrée par de la pratique pour le formaliser et se l'approprier.

Avant de détailler plus précisément ce qu'est cette formation, il est essentiel d'aborder un point qui a l'avantage de clarifier la situation du coaching aujourd'hui.

Depuis quelque temps, le monde de la formation, plus lucratif pour certains que la pratique même du coaching, amène certains à proposer cette discipline aussi bien à des personnes qui veulent faire uniquement du développement personnel, que d'autres qui veulent devenir coach ; ou bien encore à des managers qui désirent acquérir quelques outils pour améliorer leur savoir-être au sein de leur entreprise.

Cet amalgame est un problème en soi, qui contribue à entretenir la confusion autour du métier.

◆ **La solution serait sans doute de bien différencier les cursus destinés aux futurs coachs professionnels et ceux destinés aux autres.** Chacun a, sans aucun doute, vocation à exister et cela aurait le grand avantage de clarifier dans l'esprit des gens ce qui est du domaine du professionnel et ce qui est du domaine du développement personnel.

Cela permettrait également d'éviter les désillusions de très jeunes formés (constat fait à la FFCPro aux contacts de ces jeunes qui demandent à adhérer et que nous sommes amenés fréquemment à repousser), qui se rendent compte que, non seulement ils n'arrivent pas à vivre de cette pratique, mais que coacher un dirigeant d'entreprise, par exemple, relève de la chimère, non seulement par manque de crédibilité, mais aussi par manque d'expérience.

Il y a également toutes les demandes d'adhésion de manager-coach ou de DRH. Cela a amené la fédération à réfléchir sur son rôle vis-à-vis de ces personnes dont les demandes se soldent de plus en plus par un refus. Ils ne pratiquent pas en tant que coach, mais en tant que manager. Leur désir de se former est tout à fait louable. Il est souhaitable d'encourager cette évolution qui mène les individus à s'approprier des outils de relation à l'autre pour mieux rendre leurs collaborateurs autonomes et responsables. Mais la nuance est primordiale. Si la distinction ne se fait pas, l'annuaire de la fédération ne sera plus un outil utile pour celui qui recherche un coach.

Selon la FFCPro

Une réflexion approfondie, étayée par une forte expérience au sein de la FFCPro, a permis de considérer qu'il existe trois voies d'entrée pour aborder le coaching et que seule l'une d'entre elles conduit au coach professionnel.

– La première voie est empruntée par tous ceux qui désirent mieux se connaître, donner plus de sens à leur vie.

– La seconde va permettre à des personnes, tout en restant dans leur cœur de métier, d'acquérir une approche comportementale qui va optimiser l'exercice de ce métier. Nous pouvons prendre en exemple le manager qui saura beaucoup mieux gérer son équipe, rendre ses collaborateurs autonomes..., ou bien, dans un tout autre domaine, comme cela s'est déjà présenté, l'exemple de ce journaliste qui a entamé sa formation dans le but de mieux être à l'écoute de son interlocuteur, mieux le questionner, mieux cerner sa personnalité, dans une approche extrêmement bienveillante.

– La troisième voie est celle qui mène au coach professionnel. Le coaching est son cœur de métier.

La fédération s'est donc penchée sur cette troisième voie et espère vivement que cette réflexion, menée au sein de notre fédération, va venir enrichir celle que ne manquent sans doute pas d'avoir tous les responsables de ces formations.

Si l'on admet donc que cette formation est incontournable, quelles doivent en être les caractéristiques ?

◆ **La durée tout d'abord est un élément déterminant.** Nous préconisons une amplitude de 9 à 12 mois au minimum. S'approprier le processus de coaching demande de la réflexion, de l'expérimentation. Il demande également un retour et une formalisation de notre expérience personnelle et professionnelle afin de mettre à jour nos propres mécanismes de fonctionnement.

◆ **En complément direct de cette durée, vient le nombre d'heures,** sachant que nous sommes dans le domaine de la formation continue, et non initiale. Deux cents heures de théorie et deux cents heures de pratique en moyenne, ainsi qu'une part non négligeable de développement personnel semblent convenir pour un cursus permettant d'aborder l'ensemble des aspects du coaching.

◆ **Vient ensuite le formateur, dont le rôle est primordial.** Celui-ci doit être avant tout un coach qui a une bonne expérience de la pratique, qui continue de pratiquer, et qui n'est pas passé directement du statut de « stagiaire en formation » à celui de « formateur », comme nous le constatons parfois.

◆ **Enfin, le mode de recrutement des futurs coachs est essentiel.** Constat est fait plus haut que la maturité et le parcours de la personne (tant personnel que professionnel) font partie des fondements mêmes du coach professionnel. Ce qui laisse entendre quelques années d'expérience. Les responsables d'instituts de formation se doivent d'être vigilants sur cette maturité ; le cursus, dans la partie développement personnel, peut déstabiliser des personnes qui ne sont pas « au clair » avec leur propre fonctionnement. Ce dernier point rejoint directement le sujet soulevé plus haut quant aux différentes voies.

Il y a encore du chemin à parcourir dans ce domaine et la fédération espère que, dans un avenir très proche, les choses vont se clarifier, se cadrer et que des formations diplômantes verront le jour.

3.2 Quelle déontologie ?

La question que tout coach devrait se poser est : est-ce que j'adhère à une déontologie ? Et si oui, laquelle ?

La réponse à cette question est essentielle. Une réponse positive montre la détermination à cadrer sa profession et le désir d'adhérer à l'une d'entre elles.

La lecture d'une charte est rarement un moment de plaisir et présente sans doute un côté fastidieux. Pourtant, cette lecture éclaire les fondements même d'une profession ou d'une pratique ; elle décline les devoirs et les droits de ceux qui s'en prévalent, et reste l'élément de référence et de sérieux que l'on peut opposer aux tiers.

Bien sûr, celle qui vous est proposée est la charte de la FFCPro, mais vous constaterez, si l'occasion se présente, que les chartes des autres groupements professionnels se déclinent sur des valeurs, des droits et des devoirs très proches.

Prenez le temps de la lire, puis de la relire… (Vous la trouverez dans son intégralité, suivie d'explications sur les points essentiels, p. 126). Elle deviendra ainsi pour vous un moyen de valider une éventuelle relation avec un coach.

3.3 Quelles garanties ?

À la lecture de la charte (cf. p. 126), vous aurez sans aucun doute une vision plus claire des engagements du coach. Cette charte est en elle-même une garantie. Mais il n'est pas superflu de s'attarder sur deux obligations : être soi-même coaché et l'établissement d'un contrat, dual ou tripartite, avec son client.

Points clés

– **Être coaché sur ses pratiques :** c'est l'accompagnement du coach par un autre coach (qui dans ce cas prend le statut de superviseur), dans sa pratique professionnelle, soit pour l'aider lorsqu'il piétine dans un problème ou qu'il a la sensation de « tourner en rond », soit pour amener un développement des pratiques dans l'exercice du métier de coach.

C'est une démarche nécessaire et obligatoire, qui vous garantit d'éventuelles dérives. Un futur coaché ne doit jamais hésiter à poser des questions sur la supervision de son futur coach.

La fédération a mis en place une supervision de groupe, organisée par les régions, qui traite principalement des pratiques professionnelles au rythme de quatre fois par an. Cela n'exclut pas le superviseur particulier pour chacun d'entre nous.

– **Le contrat peut être dual ou tripartite.** Le contrat dual s'utilise dans le cadre d'un coaching individuel ou *life coaching*, mais également en entreprise lorsque le coaché et le décideur sont une seule et même personne. Le contrat tripartite cadre la relation entre l'entreprise, le coaché et le coach.

Quel que soit le contrat que l'on utilise, il présente les mêmes caractéristiques :

– Le coach décline en premier lieu le contexte de l'intervention et l'objectif à atteindre.

– Puis il met au clair les résultats attendus et il note avec son client les critères qui lui permettront de savoir qu'il a atteint son objectif.

– Vient ensuite le déroulement de l'accompagnement, ainsi que le nombre probable de rencontres. Il est important de souligner que ce déroulement est cadré par un début et une fin annoncée.
– Ce qui permet d'établir la partie concernant les conditions financières (prix de l'heure, traitement des séances annulées, cadence de la facturation, convention de formation le cas échéant, avec ou sans TVA, et calendrier).
– Il est important de prévoir la gestion d'événements survenant en cours de contrat par des avenants éventuels.
– Pour finir, l'accent est mis sur la confidentialité et il est joint en annexe au contrat une copie de la déontologie. En tout état de cause, celle-ci régulera le jeu des pouvoirs : le coach s'engage à la respecter et les tiers peuvent éventuellement s'y opposer.

L'engagement au sein d'une fédération professionnelle résume à lui seul les différents points que nous venons de voir et vous donne LES garanties de professionnalisme.

3.4 Un métier ?

Je vous annonçais en début de chapitre l'intention de conclure sur cette question : peut-on dire qu'il s'agit d'un métier ?

Pourquoi se poser cette question ?

Sans doute, parce que les amalgames en tout genre, les autoproclamés coachs, les multiples articles de presse, les méfiances envers une profession émergente ne pouvaient rester sans réactions. Aborder cette question de manière constructive et explicative ne pouvait que servir cette pratique.

Il est normal que la réponse à cette question n'aille pas de soi pour le public, les entreprises, les institutionnels… le pire côtoie le meilleur, et il nous revenait donc de lever les doutes, d'éclaircir les ombres, de définir le coach et son cadre.

Et c'est en réfléchissant à ce mot « définir » que l'idée s'est imposée de s'attarder sur quelques mots clés dans la définition d'un métier et d'en rechercher le sens :

Profession	Occupation déterminée dont on peut tirer ses moyens d'existence.
Formation	Donner forme, formaliser. Le fait de se former, de former quelqu'un.
Déontologie	Ensemble des devoirs qu'impose à des professionnels l'exercice de leur métier.
Métier	Forme contractée de « ministerium », service. Doit rendre service, avoir une fonction. Travail reconnu ou toléré par la société et dont on peut tirer ses moyens d'existence.

Au regard de ces définitions qui parlent d'elles-mêmes et sont suffisamment « porteuses de sens » pour apporter une réponse claire, n'est-il pas évident que nous avons bien affaire à un véritable métier avec toutes les caractéristiques que cela impose ?

C'est un angle de vue, un éclairage, il peut y en avoir d'autres, que chacune et chacun en tirent ses propres conclusions.

4. Protection et cadre juridique

Face aux risques de dérives déjà exposés au chapitre 3, section 2 (voir « Formatage et manipulation », p. 109), les clients et utilisateurs de coaching disposent de protections et de moyens que nous aborderons dans cette section selon trois angles :
- les associations professionnelles ;
- le cadre juridique ;
- les actions à prendre par les entreprises et les particuliers.

4.1 Les associations professionnelles

Les fédérations et associations professionnelles de coachs ont un rôle important à jouer dans la protection des coachés. Cela fait partie de leur mission et c'est leur intérêt. En effet, si la profession n'arrive pas à s'autoréguler, elle le sera par des réglementations et lois. L'un n'empêchant d'ailleurs pas l'autre.

Aujourd'hui, les fédérations sélectionnent les membres à l'entrée en fonction de critères de formation et de professionnalisme, elles leur demandent d'adhérer à leur code de déontologie et à leur règlement intérieur et mettent en place des instances internes pour les faire respecter.

Le coaching de la pratique professionnelle

La Fédération francophone des coachs professionnels exige également que ses membres soient coachés sur leurs pratiques professionnelles et met à leur disposition une organisation de coaching mutuel gratuite dans l'esprit de sa valeur de partage. Pour la fédération, le coaching sur la pratique est destiné à protéger les clients de ses adhérents et vient renforcer la charte de déontologie.

Point clé

Le coaching sur la pratique offre à chaque membre de la fédération la possibilité de réfléchir sur son fonctionnement professionnel par l'étude de situations concrètes. Il vise à développer la conscience de soi-même, à prendre de la distance et à mieux appréhender des situations parfois complexes. Il permet au coach de renforcer ses responsabilités professionnelles. Il a également pour but de favoriser les échanges de pratiques entre membres dans le but d'améliorer et d'enrichir en permanence leurs compétences techniques et construire une plus grande cohérence entre les pratiques professionnelles.

Vis-à-vis des partenaires extérieurs, le coaching de la pratique professionnelle a pour objet d'apporter des garanties :

– **de professionnalisme**, par le renforcement des compétences grâce aux échanges de pratiques ;

– **d'éthique**, par la vérification permanente du respect de la charte déontologique.

À titre d'exemple, la Fédération francophone des coachs professionnels demande à chacun de ses membres de communiquer la charte déontologique à ses clients, laquelle devra faire l'objet d'une annexe officielle au contrat de coaching. En cas de non-respect, le client pourra saisir le responsable de la déontologie. Elle précise encore dans son règlement intérieur qu'en cas de constatation du non-respect du principe de confidentialité ou de la charte déontologique, les pairs ont un devoir d'informer les instances dirigeantes. Cette proposition a d'ailleurs fait couler beaucoup d'encre virtuelle et de salive avant son approbation. Certains y voyaient un rappel de la délation pratiquée dans des temps obscurs. Il est pourtant apparu évident qu'une fédération de coachs qui accepterait sans rien dire des déviations déontologiques de ses membres ne serait pas crédible. L'intérêt des clients a prévalu.

La déontologie du coach

Le second pilier sur lequel repose la protection des clients et de la profession est le code de déontologie. Voici ce que dit par exemple la charte de la FFCPro :

La charte des professionnels membres de la Fédération francophone des coachs professionnels

Vision du coaching

Le coach membre de la Fédération francophone de coaching respecte la dignité et l'intégrité de ses clients et promeut leurs ressources propres. Il leur apporte un soutien constructif inconditionnel, les aide à se fixer des objectifs motivants et épanouissants et à donner le meilleur d'eux-mêmes. Il les accompagne dans la mise en œuvre des moyens les plus rapides et les plus efficaces qui leur permettront d'atteindre leurs objectifs.

I. PROFESSIONNALISME

I.1. Formation professionnelle

Le coach a suivi une formation professionnelle qui lui a permis de se spécialiser dans le domaine du coaching. Ses compétences à exercer professionnellement ont été validées par l'organisme ou le formateur qui ont dispensé cette formation ; le coach peut également être en cours de validation.

À la demande de ses clients, il leur fournit une information claire sur la nature de sa formation et les différentes qualifications obtenues.

I.2. Mise à jour de ses connaissances

Le coaching n'est pas une profession aux connaissances figées et les coachs de la Fédération francophone de coaching consacrent régulièrement une quote-part de leur temps à l'actualisation de celles-ci.

Ils se tiennent au courant des développements réguliers de leur profession et s'inscrivent dans une dynamique continue d'évolution professionnelle.

I.3. Expérience personnelle du coaching

Les membres de la Fédération francophone de coaching considèrent que l'expérience personnelle du coaching est l'une des composantes nécessaires à la compétence et à la crédibilité d'un coach, qui se doit d'avoir vécu un parcours personnel dans ce domaine.

Un coach membre de la Fédération francophone de coaching continue à faire appel aux services de collègues quand il en perçoit l'intérêt dans sa vie. De façon plus générale, il est engagé dans un cheminement d'évolution personnelle.

I.4. Coaching de la pratique professionnelle régulière

Un coach membre de la Fédération francophone de coaching possède un lieu de coaching de la pratique professionnelle régulier où il fait le point sur sa pratique et continue à la faire progresser en vue de fournir les services de la meilleure qualité possible à ses clients.

D'autre part, il participe aux échanges de pratiques organisés trimestriellement par la Fédération francophone de coaching dans sa région.

I.5. Pratique du télécoaching et utilisation d'Internet
Les coachs de la fédération considèrent le téléphone, Internet ou d'autres technologies de communication à distance comme des outils utilisables dans la pratique de leur activité.

I.6. Refus d'une mission
Le coach est en droit de refuser une mission si elle ne lui semble pas conforme à son éthique, à ses compétences ou à l'intérêt de la personne ou de l'organisation. Il oriente alors le client vers d'autres solutions.

II. CONTRAT

Dès le début d'une relation de coaching, les coachs de la FFC conviennent, par écrit, d'un contrat clair avec leurs clients. Les conditions de cet accord incluent la compétence du coach, les objectifs de la mission, la nature du service proposé, la clause de confidentialité et les responsabilités de chacun. Il précise aussi la fréquence et la durée des entretiens, la façon dont ils se dérouleront (de vive voix, par téléphone, Internet, etc.) ainsi que le montant des honoraires à percevoir par le coach.
La présente charte figure en annexe du contrat de coaching.

III. PROTECTION DES CLIENTS

III.1. Volontariat
La personne coachée, si elle n'en est pas à l'initiative, doit être volontaire pour bénéficier de ce service. Le coach procède, le cas échéant, à la vérification de cet engagement.

III.2. Respect des intérêts du client
Un coach membre de la Fédération francophone de coaching s'assure que son intervention sert les intérêts de la personne coachée et de son organisation. Il veille à agir avec un haut niveau d'intégrité et de fiabilité pendant toute la durée de la relation de coaching. Il vérifie qu'il a compétence à intervenir dans les domaines pour lesquels on le consulte. Dans le cas contraire, il propose d'autres orientations qui lui semblent plus adaptées.
Il s'engage à favoriser l'autonomie de son client et s'interdit tout abus d'influence. En aucune circonstance, il ne met à profit la situation de coaching pour en tirer des avantages non contractuels, que ceux-ci soient d'ordre financier, social, affectif ou sexuel.

III.3. Confidentialité
Il garantit le respect des engagements pris contractuellement et se tient à la règle de confidentialité, dans la limite que lui impose la loi de son pays. Il s'assure que les informations échangées le sont au bénéfice de son client et non de la promotion personnelle ou professionnelle du coach.
En ce sens, un point peut être fait en fin et/ou en cours de mission entre la personne coachée, l'entreprise et éventuellement le coach, selon des modalités prévues initialement et qui, en tout état de cause, respecteront l'intégrité de la personne coachée.

III.4. Arrêt d'une mission

Si, au cours de la relation de coaching, il constate qu'il ne lui est plus possible de fonctionner selon les termes du contrat ou de maintenir sa posture de coach, il est dans l'obligation éthique d'y mettre fin en expliquant clairement les raisons de sa décision. Dans la mesure du possible, il veillera à proposer d'autres options à son client.

IV. POSITION A L'ÉGARD DES CONFRÈRES ET DE LA FÉDÉRATION

IV.1. Position à l'égard de la profession

Dans ses propos et ses actes il se tient à un devoir de réserve lorsqu'il s'agit de la profession et de ses différents courants. Il fait preuve d'ouverture d'esprit et de respect à l'égard de la diversité des conceptions existant dans le domaine du coaching et accepte que nulle personne ou groupe ne puisse se prévaloir de détenir la vérité en la matière.

IV.2. Respect de la vocation non lucrative de la fédération et contribution à l'image positive de celle-ci

Un membre de la fédération peut se prévaloir de son appartenance à la Fédération francophone de coaching dans l'ensemble de sa communication professionnelle. Il est cependant clair sur le fait que c'est bien en son nom propre qu'il agit lorsqu'il promeut ses activités et non pas en tant que représentant de la fédération. Il a également à cœur d'en donner une image positive par son comportement, sa compétence et la vision du monde positive dont il est porteur.

V. RESPECT DE LA CHARTE

La Fédération francophone de coaching veille au respect de la déontologie par ses membres. Dans le cas où une personne coachée a le sentiment ou constate qu'un coach appartenant à la Fédération n'est pas en cohérence avec cette charte, elle est invitée à en informer le vice-président en charge de la commission déontologie ou le/la président(e) de la Fédération, qui déclenche une enquête, laquelle sera suivie de mesures appropriées.

En adhérant à une fédération, le coach s'engage donc sur des règles de conduite et accepte d'être confronté par ses clients et ses pairs sur l'application de ces règles. Les fédérations offrent ainsi un lieu de recours pour les clients du coach.

Passons en revue les règles généralement appliquées, en insistant particulièrement sur celles qui concernent les clients du coach. Les sujets couverts incluent :

– la confidentialité ;
– le respect des personnes et des organisations clientes ;
– l'engagement d'agir dans l'intérêt du client et de ne pas abuser de sa confiance ;

– le conflit d'intérêts ;
– l'intégrité ;
– le respect des engagements ;
– le contrat de coaching ;
– la compétence professionnelle ;
– le coaching de la pratique professionnelle du coach ;

Point clé

Un coach s'assure que son intervention sert les meilleurs intérêts de son client et veille à agir avec un haut niveau d'intégrité, de fiabilité et de professionnalisme pendant toute la durée de la relation de coaching.

Un professionnel du coaching n'aura, par conséquent, aucun problème à s'engager sur les règles de conduite suivantes, exprimées sous une forme ou une autre :

◆ **Le coach s'interdit d'exercer tout abus d'influence**, que ce soit à l'intérieur ou à l'extérieur du système dans lequel opère son client. Il s'engage à faire preuve, en toutes circonstances, d'une entière loyauté à l'égard du client qui l'a honoré de sa confiance et à mettre tout en œuvre pour sauvegarder ses intérêts légitimes. Il fera donc passer les intérêts de son client avant ses propres intérêts ou ceux de son organisation.

◆ **Il n'accepte pour une mission déterminée aucune autre rémunération** que celle convenue avec son client. Il s'interdit en conséquence de solliciter ou d'accepter d'un tiers, à l'insu de son client, aucun avantage, aucune commission ou rétribution de quelque nature que ce soit. En aucune circonstance, il ne met à profit la situation de coaching pour en tirer des avantages non contractuels.

◆ **Il s'engage à respecter les règles du secret professionnel** garantissant la stricte confidentialité des informations qui concernent le client et ses partenaires éventuels dans la limite que lui impose la loi de son pays.

◆ **En aucun cas il ne décide à la place du coaché** ni n'intervient comme acteur dans un processus opérationnel.

◆ **Il vérifie qu'il a compétence à intervenir dans les domaines** pour lesquels on le consulte.

◆ **Si au cours de la relation de coaching, il constate que d'importantes divergences** ne lui permettent plus de fonctionner selon les termes du contrat, il est dans l'obligation éthique d'y mettre fin en expliquant clairement les raisons de sa décision.

Cet aperçu serait très incomplet s'il ne couvrait pas les aspects liés au professionnalisme du coach. Lorsqu'on achète un service, on fixe de manière formelle ou intuitive des critères de qualité et on attend des prestations qui soient en rapport avec ces critères. Or en coaching, comme dans toute profession relationnelle, la qualité est largement dépendante des compétences du praticien. On pose parfois la question : « Puisque le coaching n'est pas une profession à accès réglementé, et puisque tout le monde peut mettre ce titre sur sa carte de visite, comment savoir si l'on a affaire à un coach compétent et honnête ? »

Comme dans tout métier, on développe une vraie compétence en s'appuyant sur des talents que l'on a transformés en points forts par l'apprentissage et l'expérience. On peut analyser les compétences sur deux plans : le savoir-faire et le savoir-être.

▸ *En ce qui concerne le savoir-faire*

La pratique du coaching est l'une des composantes nécessaires à la compétence et à la crédibilité d'un coach. C'est en forgeant qu'on devient forgeron, c'est en coachant qu'on devient un meilleur coach. À travers la pratique, la diversité des problématiques des clients et les problèmes personnels auxquels le coach a fait face et qu'il a surmontés vont lui permettre d'améliorer sa pratique et son efficacité. De plus, il sera sans doute plus performant en entreprise s'il a lui-même une expérience professionnelle suffisante des rouages de l'entreprise et du management. Cela lui permettra de comprendre plus vite les aspects du problème que soulève son client. Le parallèle est vrai pour le coaching de vie.

▸ *En ce qui concerne le savoir-être*

On pense parfois qu'il suffit de savoir écouter pour être coach. C'est certes une qualité essentielle mais loin d'être suffisante. Un coach professionnel et compétent doit également montrer les qualités suivantes :
- bienveillance, soutien constructif inconditionnel ;
- capacité à confronter de manière positive ;
- capacité à ne pas juger son client ;
- capacité d'analyse ;
- curiosité ;
- empathie ;
- ouverture d'esprit et disponibilité.

Certains critères touchent à la fois au savoir-faire et au savoir-être :
- avoir fait un travail de développement personnel suffisant pour connaître ses zones d'ombre et ses limites ;

– avoir la volonté d'apprendre et de se remettre en cause régulièrement ;
– être soi-même coaché et avoir un lieu de coaching de la pratique professionnelle régulier pour faire le point sur sa pratique et continuer à progresser dans celle-ci.

4.2 Le cadre juridique

Le métier de coach n'est pas réglementé et n'importe qui peut aujourd'hui se prétendre coach.

Il se trouve que, par un effet de mode, ce titre est utilisé pour désigner des professions qui n'ont rien à voir avec celle dont nous parlons dans ce livre. Cette notoriété est préjudiciable à l'activité de coach professionnel, en ce sens qu'elle crée un amalgame dans l'esprit du grand public, amalgame entretenu par la presse qui se fait souvent l'écho des dérives, parfois sans préciser que l'on parle là de choses qui ne sont pas comparables. La Fédération francophone des coachs professionnels avait lancé en 2004 une réflexion visant à proposer une autre dénomination à notre activité, sur le modèle de certains Canadiens francophones, toujours attentifs à ne pas se laisser envahir par des termes anglo-saxons et qui utilisent le terme « d'accompagnateur » ou « accompagnateur du changement ». Il est certain qu'« accompagnateur du changement en décoration d'intérieur » est beaucoup moins vendeur. Il n'est pas certain cependant que la notoriété du mot « coach » ait quoi que ce soit à voir avec notre métier. Et c'est là que le bât blesse. Nous avons tous emprunté ce dénominatif au monde du sport pour des raisons sans doute différentes pour chacun. Les uns parce qu'il évoque des valeurs auxquelles ils veulent s'identifier, telles que dynamisme, action, dépassement de soi, les autres parce qu'il a inspiré notre pratique. Une grande partie du problème vient précisément de la notoriété du mot et de la confusion qui l'entoure.

La fédération a finalement choisi en juin 2005 d'adopter le titre de « coachs professionnels » pour se distinguer. Ses adhérents ont estimé que le mot coach est maintenant largement répandu dans ce secteur d'activité et que l'abandonner créerait encore plus de confusion. Attendons que l'effet de mode passe et se saisisse d'un autre titre.

Si donc le coaching opère dans un cadre non réglementé, les législateurs dans plusieurs pays ont cependant voulu protéger leurs concitoyens contre les risques liés aux dérives sectaires.

Une loi de prévention et de répression des mouvements sectaires

Le Parlement français a de plus voté la loi du 12 juin 2001 « tendant à renforcer la prévention et la répression des mouvements sectaires portant atteinte aux droits de l'homme et aux libertés fondamentales », connu sous le nom de loi About-Picard et qui vise « les activités ayant pour but ou pour effet de créer, de maintenir ou d'exploiter la sujétion psychologique ou physique des personnes qui participent à ces activités ».

La France a également institué auprès du Premier ministre une Mission interministérielle de vigilance et de lutte contre les dérives sectaires, en abrégé Miviludes, « qui est chargée [notamment] :

- de favoriser, dans le respect des libertés publiques, la coordination de l'action préventive et répressive des pouvoirs publics à l'encontre de ces agissements ;
- d'informer le public sur les risques, et le cas échéant les dangers, auxquels les dérives sectaires l'exposent et de faciliter la mise en œuvre d'actions d'aide aux victimes de ces dérives ».

Les personnes intéressées par des actions préventives ou curatives trouveront sur le site www.miviludes.gouv.fr des informations et des conseils précieux, y compris la liste d'associations susceptibles de les aider.

4.3 Les actions à mener par les entreprises et les particuliers

Au-delà de la législation chacun peut contribuer à limiter les risques de dérives en « sélectionnant » son coach. Voici quelques précautions que chacun peut facilement prendre avant d'arrêter sa décision :

◆ **Consultez plus d'un coach avant de faire votre choix**, sauf si vous le connaissez déjà bien ou s'il vous est recommandé par quelqu'un de confiance. Ensuite vérifiez leur professionnalisme.

Pour les professionnels des ressources humaines, il s'agit des mêmes techniques et procédures que celles utilisées pour le recrutement. Pour les particuliers ou les personnes qui ne seraient pas familiers avec ce sujet, je vais expliciter certaines approches :

◆ **Vérifiez son expérience professionnelle**. Demandez-lui son curriculum vitæ et faites-le parler de son parcours professionnel en insistant sur les expériences en lien avec l'accompagnement que vous voulez lui confier. Demandez-lui de vous parler de son expérience de coaching. Combien d'heures pratique-t-il par an ? Pour quels types d'objectifs et de clients ? Demandez-lui de vous parler de coachings difficiles, dont il n'est pas satisfait. Faites-le parler.

◆ **Vérifiez les formations qu'il a suivies et leur qualité** (une simple formation en coaching ne suffit pas).

◆ **Demandez-lui comment il s'y prendrait pour telle ou telle situation de coaching**. Quels « outils » il utiliserait.

◆ **Vérifiez son appartenance à une fédération/association professionnelle**, puis consultez le site de la dite fédération/association. Figure-t-il dans l'annuaire ?

◆ **Vous parle-t-il spontanément de sa déontologie** ? Sinon questionnez-le pour vérifier qu'il adhère à un code de déontologie et le connaît.

◆ **Vérifiez qu'il est certifié par un organisme de certification officiel et indépendant** ou en cours de l'être.

◆ **Demandez-lui s'il est coaché** dans ses pratiques par un ou des confrères répondant également à ces critères de professionnalisme. Demandez comment cela se passe, le nom de son coach, son appartenance à une fédération et vérifiez-la.

◆ **Exigez une copie du contrat et du code de déontologie**. Lisez-les. Est-ce que vous êtes à l'aise avec leur contenu ? Quelles sont les modalités de rupture du contrat. Est-ce que les contrats prévoient que les clients peuvent mettre fin à un coaching à tout moment ? Dans quelles conditions ?

◆ **Demandez le nom d'autres clients** et appelez-les de sa part. Demandez-leur comment la relation s'est passée et quels en ont été les résultats.

◆ **Consultez le site Internet de la Miviludes** (voir ci-contre) pour vous familiariser avec les problèmes de dérives sectaires.

◆ Après avoir arrêté votre choix et **avant de commencer les séances de coaching, demandez que le contrat soit signé** et qu'il spécifie l'objectif du coaching, les critères de mesure de réussite et le nombre de séances prévues.

◆ **Faites un point complet à intervalle régulier par rapport à l'objectif fixé** (toutes les 4 à 6 séances environ). En entreprise, ce point pourra être fait avec le département des ressources humaines, sans trahir la confidentialité des séances.

Et enfin, gardez à l'esprit qu'un coaching n'est pas une psychanalyse. Il doit avoir une fin. Méfiez-vous des coachings qui s'éternisent au-delà d'une dizaine de séances sans raison convaincante.

Conclusion

Le coaching permet aux personnes qui s'engagent dans cette démarche d'accroître leur autonomie, leur responsabilité et d'atteindre leur objectif plus rapidement et avec plus de plaisir. À la condition d'être accompagné par un professionnel. Dans la géographie actuelle du métier, la professionnalisation du métier de coach est une mission importante pour une fédération comme la nôtre.

Nous avons voulu montrer à travers ce livre qu'au-delà du processus, des outils et de la déontologie qu'il est indispensable de maîtriser, c'est la personne du coach, son éthique et sa pratique qui font la différence. La plupart des coachs professionnels sont des passionnés de la relation humaine. Ils croient en l'être humain et en son potentiel ; ils sont prêts à aider les autres dans la mesure de leurs moyens. Ils se remettent perpétuellement en cause afin de progresser.

Mais comment s'y retrouver ? Comment être sûr de trouver chez un coach les qualités requises ?

C'est aussi pour aider les clients des coachs à répondre à ces questions que la fédération a décidé d'écrire cet ouvrage et c'est dans la continuité naturelle de ce livre qu'elle a développé avec AFAQ/AFNOR une certification de compétences. Nous voulions une démarche qui permettrait à tout coach professionnel de passer cette certification, au-delà de toute appartenance à une association professionnelle quelle qu'elle soit, dans la plus grande impartialité, où personne ne serait à la fois juge et partie.

Nous avons choisi la certification de personnes AFAQ COMPÉTENCES® qui consiste à évaluer et à reconnaître formellement les compétences nécessaires à l'exercice d'une activité professionnelle, en conformité avec un référentiel-métier élaboré et validé par des experts AFAQ. Le certificat AFAQ COMPÉTENCES® est un véritable passeport professionnel, délivré en toute indépendance par un organisme tierce partie.

La FFCPro a été à l'initiative de cette démarche de certification AFAQ COMPÉTENCES® de coachs professionnels. Elle y a investi des moyens humains et financiers pour assurer sa création et son lancement et c'est là que s'arrête notre implication et notre lien avec la certification.

Cette certification n'est pas une fin en soi, elle est un pas de plus vers le renforcement du professionnalisme du coach. Nous pensons qu'elle permettra de renforcer la crédibilité de chaque coach et de la profession auprès des utilisateurs de coaching. Nous avons été à son initiative, nous souhaitons que l'ensemble des personnes concernées par le coaching la fasse vivre.

Nous sommes convaincus que le coaching va apporter de plus en plus de bien-être aux personnes qui y auront recours. Dans les entreprises d'abord, parce que la dimension humaine et relationnelle va prendre de plus en plus le pas sur la dimension technique et rationnelle. Les entreprises performantes du XXIe siècle feront la différence sur leurs concurrents par l'engagement des personnes qui les constituent. Les gains de productivité se chiffrent en dizaines de pour cent entre un employé motivé et le même démotivé. Il suffit pour s'en convaincre de s'observer lorsque nous avons à faire quelque chose que nous ne voulons pas faire. Que ce soit un cadre à accrocher ou un coup de téléphone à donner, nous perdons plus de temps à résister à le faire qu'à le faire. De plus, c'est une vision gagnant-gagnant pour l'entreprise et les gens qui y travaillent, les unes par un accroissement de résultats et de qualité, les autres par un mieux-être dans leur vie professionnelle.

Pour les particuliers ensuite qui sont de plus en plus mis à contribution et qui se créent des modes de vie de plus en plus endiablés.

Gageons que ce – jeune – métier va évoluer vers encore plus de professionnalisme et qu'il va s'enrichir des découvertes à venir sur la connaissance de l'être humain et de ses modes de fonctionnement. Le coach professionnel doit être prêt à évaluer et intégrer des évolutions dans sa pratique.

Deuxième partie

METTRE EN PRATIQUE

EXERCICE 1

Observer pour prendre la mesure de la question à traiter

Vous coachez une personne sur l'une des trois situations suivantes que vous choisissez pour cet exercice :

– Situation 1 : Une responsable regrette le manque d'échanges avec ses collègues.
– Situation 2 : Un chef d'équipe s'impatiente et s'énerve quand il réunit son équipe.
– Situation 3 : Une collaboratrice a l'impression que ses idées ne sont jamais prises en compte.

Après l'avoir aidé à clarifier sa demande et formuler un objectif, vous avez demandé à votre coaché de s'observer pendant une semaine et de prendre conscience de ce qui se passe pour lui lorsqu'il se retrouve dans cette situation.

Quelles questions allez-vous lui poser à la prochaine séance de coaching pour l'aider à progresser vers son objectif ?

Corrigé p. 151

EXERCICE 2

EXERCICE

Comprendre ce qui provoque une émotion et un comportement

Pour pratiquer le coaching, il est utile de comprendre avec précision la séquence qui engendre une émotion et un comportement : cela permet de travailler de façon plus ciblée.

Exemple de situation

Une secrétaire de direction craint de ne pas soutenir assez son patron qui travaille sur un rythme très élevé. Elle s'efforce pourtant de faciliter au maximum son organisation quotidienne et elle y parvient. Elle se sent cependant « malade » à la vue de l'emploi du temps de son patron. En pratique, la seule vue de l'agenda avec l'enchaînement des activités et des rendez-vous la stresse. En effet, elle-même ne pourrait supporter de disposer de si peu de temps pour penser aux questions de fond et s'organiser. Son patron, en revanche, se satisfait de cette organisation.

Comment analyser la séquence qui débouche, pour cette secrétaire, sur un sentiment négatif ?

Corrigé p. 151

Donner du soutien

Il s'agit dans cet exercice de valider le bien-fondé d'un sentiment, d'un souhait légitime du coaché, et de lui permettre de l'exprimer sans en être pénalisé. Dans l'exemple décrit ci-après, vous êtes le coach. Comment allez-vous aider votre cliente à évoluer ?

Exemple de situation

Une responsable administrative très structurée et devant bâtir des programmes de travail très précis (c'est sa priorité de travail) est sans arrêt sollicitée par des demandes de ses collègues ou de sa propre responsable.

Elle se trouve en difficulté : elle manque de temps pour achever son travail de planification et elle « stresse ». En outre, elle éprouve de la culpabilité…

Corrigé p. 151

4 EXERCICE

Faire des demandes

Le coach identifie avec le coaché une difficulté et souhaite la traiter directement en lui demandant d'entreprendre des actions précises.

Exemple de situation

Un responsable prend la plus grande partie du temps de parole dans les réunions avec ses collaborateurs et ne les écoute que peu.

Il s'aperçoit, grâce à une conversation avec son adjointe, que son équipe est mal à l'aise et frustrée. Ses collaborateurs ne disposent pas d'un temps suffisant pour évoquer les sujets qui les concernent et ne se sentent pas respectés.

Il réalise, après en avoir discuté avec son coach, que son attitude nuit au rassemblement de son équipe autour des positions qu'il prend et, plus généralement, à son implication dans la mise en œuvre de ses plans.

Après avoir échangé, le coach lui demande de réorganiser ses réunions et de laisser davantage la parole à ses collaborateurs.

Vous êtes le coach, comment allez-vous formulez cette demande ?

Corrigé p. 152

EXERCICE 5

Utiliser les échelles, les pourcentages

Situer sur une échelle de 1 à 10 (ou par un pourcentage) un engagement, une probabilité de succès, etc., permet d'avoir très vite une indication de la valeur de ce qui a été envisagé pour le coaché. Cette valeur sera un révélateur de la vision du coaché sur son engagement, ses chances de succès.

Exemples d'utilisation

– Maintenant que votre objectif et votre plan d'actions, sont clairement définis, quelle est la probabilité, sur une échelle de 1 à 10, que ça marche ?
– Ces 4 projets vous sont ouverts : pouvez-vous classer, spontanément, chacun sur une échelle de 1 à 10 en fonction de vos préférences ?
– Donnez un pourcentage pour l'amélioration rapide et à moindre « coût » d'un problème.

Mise en pratique

Vous demandez à votre coaché : « Avec cette nouvelle technique de présentation Powerpoint de votre entreprise aux clients, de quel pourcentage réduirez-vous votre niveau de stress quand vous serez en situation ? »

Comment allez-vous ensuite exploiter sa réponse ?

Corrigé p. 152

EXERCICE 6

EXERCICE 6

Apprendre à mettre des limites

La situation

Françoise est manager d'une équipe de chargé(e)s de recrutement dans une entreprise de téléphonie qui a d'importants besoins en personnels qualifiés. Elle est appréciée pour son efficacité et sa disponibilité à la fois par sa directrice générale et par ses équipes.

Elle se rend compte cependant qu'elle est très dispersée : elle intervient souvent à différents moments de la journée en volant au secours de ses collaborateurs et quand il s'agit de démarrer un nouveau chantier, son nom est immédiatement cité.

Et Françoise ne sait pas dire non.

Elle en est affectée, ne se sent pas toujours respectée et elle souffre d'une fatigue chronique.

Les objectifs

Apprendre à dire non tout en maintenant, et si possible en améliorant, son niveau de contribution.

Mieux définir son propre rôle et la nature de sa contribution.

Quelles orientations pressentez-vous pour ce coaching ?

Corrigé p. 153

EXERCICE 7

Manifeste FFCPro

Nous sommes pétris de croyances et d'habitudes. Nous sommes attachés à certaines valeurs. Nous avons construit notre propre vision (même négative...). Et nous sommes enclins à projeter tout cela sur nos partenaires, comme s'ils devaient les partager absolument pour que nous puissions travailler ou vivre ensemble...

– Repensez à une situation-problème dans laquelle vous vous êtes trouvé(e), dans un passé pas trop ancien, et mettez-vous en état de la revivre (ce que vous ressentiez, voyiez, entendiez...).
– Faites la liste de vos différents partenaires dans cette situation et transformez-la en un schéma en étoile, manifestant la distance plus ou moins grande que vous aviez avec chacun(e).
– En les prenant l'un après l'autre, livrez-vous à un exercice qui consiste à se mettre « dans leurs chaussures » : quelles étaient leurs croyances, leurs visions, leurs attentes, par rapport à cette situation ?

Corrigé p. 153

8 EXERCICE

Comment choisir la personne devant bénéficier d'un coaching ?

La situation

Vous êtes chef d'entreprise ou DRH. Votre budget vous permet cette année de proposer un accompagnement de coaching à 3 cadres de votre entreprise.

L'exercice

1) Sur qui et sur quels critères allez-vous porter votre choix ? Donnez des détails au cas par cas.

2) Après avoir sélectionné vos trois candidats, quelles sont les raisons du choix qui vous paraissent liées :
– au développement des individus eux-mêmes ?
– au bénéfice de l'entreprise ?

3) Comment allez-vous réagir si l'un (ou plusieurs) de vos candidats refuse(nt) d'être coaché(s) ?

4) Qu'allez-vous répondre si une ou plusieurs personnes viennent vous demander : « Et pourquoi pas moi ? »

Corrigé p. 153

EXERCICE 9

Développer une vision stratégique et structurer une direction

La situation

Isabelle est directrice d'un service client dans une société d'édition de logiciels informatiques professionnels ; débordée, elle est au four et au moulin auprès de son équipe, qui, tout en l'appréciant pour sa disponibilité, lui reproche de ne pas donner d'orientations ni de vision au service, de ne pas être assez directive et claire sur l'organisation du travail.

Le service est sous la pression des clients et du reste de l'entreprise, et ceci se reporte largement sur Isabelle ; son surmenage aidant, elle se trouve à la limite du « burn-out ».

C'est à ce moment qu'elle décide, après en avoir parlé à la responsable de la formation de l'entreprise, de faire appel à un coach.

Les objectifs

Isabelle est consciente de ses limites en tant que manager, elle décide donc de mieux s'organiser, de revoir l'organisation du travail dans son équipe (attribution des responsabilités) et de développer sa vision stratégique.

Quelles orientations pressentez-vous pour ce coaching ?

Corrigé p. 155

10 EXERCICE

Donner un cadre pour la gestion des feedbacks

Lors d'un premier contact, votre client – une entreprise ou une institution représentée par la direction générale, le supérieur hiérarchique de la personne coachée et la DRH – vous informe qu'il souhaite suivre la progression du travail et être tenu informé de l'atteinte des objectifs qui seront fixés contractuellement.

Vous comprenez cette demande – il est selon vous nécessaire que l'entreprise mesure l'effet de son investissement –, cependant, vous savez que la confidentialité est indispensable à la création et au maintien d'une relation de confiance. En outre, vous êtes tenu à la confidentialité par la charte déontologique de votre fédération. Quelle est votre réponse ?

Corrigé p. 155

Choisir sa formation au coaching

Une personne vous dit qu'elle désire faire une formation au coaching et vous demande de l'aider dans son choix d'école.

Pour l'aider dans son choix, quelles questions lui posez-vous ?

Corrigé p. 156

12 EXERCICE

EXERCICE

Choisir un coach

Vous avez décidé de vous faire coacher. Vous allez choisir un coach. Qu'allez-vous faire pour réduire les risques d'avoir affaire à une personne incompétente et/ou malhonnête ?

Corrigé p. 158

CORRIGÉS

Corrigé de l'exercice 1

Voici quelques exemples de questions à poser pour aider la personne coachée à progresser :

– **Situation 1.** Une responsable regrette le manque d'échanges avec ses collègues : à quel moment les rencontre-t-elle ? Avec quelle fréquence ? Quel est son comportement lorsqu'elle les rencontre ?

– **Situation 2.** Un chef d'équipe s'impatiente et s'énerve quand il réunit son équipe : qu'est-ce qui l'impatiente ? À quel sujet s'énerve-t-il (propos ou comportement des personnes de l'équipe, sujets de travail ?), à quel moment de la réunion ?

– **Situation 3.** Une collaboratrice a l'impression que ses idées ne sont jamais prises en compte : qui ne l'écoute pas ? À quel moment n'a-t-elle pas été écoutée ? Quelles idées récentes ne l'ont pas été ? Quelle suggestion effectuée cette semaine a été rejetée ?

Corrigé de l'exercice 2

La séquence est la suivante : « Je vois l'agenda surchargé » ➡ « Je me dis : comment fait-il pour le supporter ? » ➡ « Je me sens mal et je stresse ».

Le travail du coaching portera donc notamment sur :

– la prise de conscience qu'il n'y a aucun automatisme qui s'impose entre la perception « Je vois l'agenda surchargé » ; l'appréciation « Je me dis : comment fait-il pour le supporter ? » ; et le sentiment « Je me sens mal et je stresse » ;

– la prise de conscience que ce qui lui apparaît comme un problème n'en est pas forcément un pour son manager ;

– la définition précise de son champ personnel de responsabilité et de ce qu'elle doit prendre en charge « mentalement ».

Corrigé de l'exercice 3

Le coach va aider cette personne à comprendre les raisons de son stress et de son sentiment de culpabilité. Il lui apportera son soutien en lui expliquant qu'il est légitime qu'elle souhaite disposer de plages suffisantes pour s'acquitter de sa mission. Puis, il l'aidera à trouver et à adopter des stratégies lui permettant de remplir sa mission sans éprouver de sentiments négatifs.

Il pourra par exemple et selon le cas l'inviter à réfléchir à une organisation adaptée et acceptable pour son entourage. Elle peut apprendre à dire « non » ou « oui mais » dans un temps qu'elle aura choisi en fonction de son organisation.

Corrigé de l'exercice 4

Il n'y a bien sûr pas de réponse toute faite puisque l'action du coach dépendra du contexte et de la personnalité de son client. Voici cependant un exemple de réponse.

Le manager est déjà conscient de son comportement et de l'impact de celui-ci sur son équipe. Le coach peut lui faire prendre conscience de différentes manières de motiver ses collaborateurs par des échanges d'expériences et éventuellement des apports pédagogiques. Il pourra ensuite lui demander :

- de revoir l'ordre du jour des réunions de façon à laisser des temps de présentations sur des sujets qu'ils connaissent à ses collaborateurs ;
- de rendre plus synthétiques ses propres présentations ;
- d'inviter ses collaborateurs à s'exprimer et de prendre en compte leurs opinions plutôt que d'essayer de les convaincre à tout prix ;
- de reformuler les propos de ses collaborateurs et de donner des feedback.

Le coach s'assure du plein accord du coaché sur ces points et vérifie que des occasions concrètes de tester ces comportements se présenteront d'ici à la prochaine séance pour en évaluer les résultats.

Corrigé de l'exercice 5

Aidez la personne à distinguer dans sa réponse globale (la note de 1 à 100) ce qui relève :

- du désir, des souhaits, de la motivation ;
- du réalisme, de la faisabilité
- de la continuité, voire de la « conformation » d'autres personnes.

Aidez-la ensuite à distinguer et pondérer ce qui relève de ses besoins de sécurité et de ses besoins d'évolution et de développement.

Ces analyses effectuées, ses décisions seront fondées sur des critères conscients et pondérés par la prise en compte de « l'écologie » interne de la personne.

Corrigé de l'exercice 6

Les orientations suivantes ont été effectivement prises lors du coaching :

– analyser précisément son temps de travail : que fait-elle, quand, comment, avec qui ?
– classifier et qualifier les activités et leur intérêt par rapport à sa fonction. Faire des choix de priorité ;
– organiser ses interventions dans des temps choisis auprès de ses collaborateurs ;
– développer l'autonomie de ses collaborateurs par un accompagnement structuré (coaching technique).

Corrigé de l'exercice 7

Il n'y a pas de corrigés à cet exercice. Mais si vous avez pu pousser l'exercice assez loin pour comprendre leur point de vue, cela a peut-être provoqué des éclairs de compréhension sur la situation-problème.

Corrigé de l'exercice 8

1) Le responsable qui prend la décision du choix des candidats au coaching doit être capable d'expliquer les critères de choix, leur importance pour la société, et être cohérent dans leur application.

Pour illustrer l'exercice, supposons qu'il ait choisi les trois personnes suivantes :
– Jean Dupont a « mauvais esprit », il agace la direction en permanence alors qu'il est par ailleurs très bon professionnel. Le patron a dit : « Ou bien il change, et vite, ou je le vire… ».
– Le critère déterminant sera donc le changement d'attitude.
– Amélie Durand est une femme consciencieuse, ordonnée, et méticuleuse. Elle serait parfaite pour prendre en charge la gestion des stocks qui est assez mal organisée et coûte cher à la société. Cependant Amélie n'a aucune confiance en elle, elle n'est pas consciente de ses propres qualités et jamais on ne lui confiera le poste dans ces conditions.

– Il est question dans ce cas du renforcement de l'estime de soi dans la perspective de lui confier des responsabilités élargies pour lesquelles on pense qu'elle a les capacités.
– Pierre Dufer est directeur des ventes. Les recherches en marketing montrent qu'il serait possible d'augmenter les chiffres de plus de 20 %. Or Pierre qui n'a jamais dépassé 10 % par an juge que l'objectif est exagéré. Comment l'amener à lui faire comprendre que c'est tout à fait possible, à condition qu'il adhère totalement à ce challenge ?
– Le critère est ici d'aider quelqu'un à atteindre un objectif d'importance stratégique pour l'entreprise. Il s'agit d'un coaching de performance

2) Dans le premier cas, on pense qu'il serait dommage de se séparer d'un élément valable, alors qu'il est sans doute possible de faire évoluer sa façon de se comporter dans l'entreprise, et... sans doute ailleurs. On donne au reste de l'entreprise un message fort que l'on est prêt à aider les salariés à progresser.

Dans le cas d'Amélie Durand, le DRH et/ou le patron font le pari qu'avec un coach elle va prendre l'assurance qui lui manque et qu'ainsi elle pourra remplir le poste pour lequel elle est mieux armée que personne dans la maison.

Enfin pour ce qui concerne Pierre Dufer, c'est l'économie même de la société qui est en jeu.

3) Même dans le cas des contrats tripartites, le coaching doit représenter une opportunité pour l'intéressé, jamais une obligation. S'il décide de refuser, on ne peut ni l'obliger ni lui en tenir rigueur.

Il arrive parfois que le refus soit signifié au coach lui-même après la signature du contrat et le début du coaching.

Dans les deux cas on peut essayer de lui faire formuler les avantages qu'il peut en tirer et les conséquences s'il ne le fait pas. S'il s'est déjà établi une confiance réciproque, le coach peut essayer de convaincre son client d'essayer néanmoins et de décider plus tard s'il veut continuer.

4) Cette question se pose dans les entreprises où le coaching est considéré comme une marque de reconnaissance. Il convient alors de déceler les vraies raisons qui la motivent. Lorsqu'elles sont fondées, il est le plus souvent possible d'expliquer que le budget était limité et que sa demande sera prise ne compte à la prochaine occasion. Mais il peut également s'agir d'une personne qui n'a aucunement besoin de coaching dans le cadre de l'entreprise et, dans ce cas, il s'agit simple-

ment de le lui faire comprendre ! D'où l'importance rappelée à la réponse 1 ci-avant pour le responsable qui prend la décision du choix des candidats au coaching d'être capable d'expliquer les critères de choix, leur importance pour la société, et être cohérent dans leur application.

Corrigé de l'exercice 9

Les orientations suivantes ont été mises en œuvre :

Pour Isabelle, il était nécessaire de partir du concret, de la situation présente, de prendre des décisions d'actions précises et visibles (même limitées) avant d'aborder la question de la vision stratégique.

Une analyse plus précise de son fonctionnement est entreprise : celle-ci révèle qu'elle est une personne très compétente techniquement, très concrète et efficace et qu'elle prend directement en charge nombre d'opérations. En outre, sa générosité et son empathie la conduisent à aider, sur le terrain, au quotidien, ses équipes au détriment de son rôle d'orientation et d'organisation. Réflexion sur le profil personnel et les croyances.

Un travail sur l'organisation, le partage des responsabilités dans le service et ses domaines d'intervention propres : révision des activités, de l'organisation et de l'attribution des responsabilités

Un diagnostic précis du positionnement et de la perception du service dans l'entreprise (qui dispose de structures régionales) permettant de dessiner les orientations nécessaires pour améliorer ses prestations.

Corrigé de l'exercice 10

Vous pouvez procéder en plusieurs étapes :
– Valider le bien-fondé d'une volonté de l'entreprise de mesurer le « retour sur investissement » du coaching et assurer que celui-ci est tourné vers l'obtention de résultats.
– Rappeler votre code déontologique qui fait de la confidentialité un point central pour l'établissement d'une relation de confiance et le respect de la personne coachée : l'appel à un coach externe signifie bien que la question ne peut être traitée avec les mêmes profondeurs et sécurité que dans le cadre de l'entreprise (sauf à disposer de coachs internes ayant un statut spécial).
– Évoquer l'esprit du coaching qui consiste à permettre l'expression de la responsabilité de la personne dans la gestion et la communica-

tion des informations qui lui sont propres : c'est donc à la personne coachée de formuler des retours sur son travail, ceux-ci reposant sur des éléments factuels et comportementaux (les aspects plus « personnels » n'ont pas nécessairement à être communiqués).
– Mettre en place des modalités de rencontre permettant de faire le point sur le travail : un entretien tripartite à mi-parcours et un entretien de bilan en précisant que vous y jouerez un rôle de facilitateur et que les contenus seront présentés par la personne coachée. Vous apporterez vos commentaires avec l'accord de la personne.

Corrigé de l'exercice 11

1) Faire prendre conscience à la personne de ce qu'elle cherche à travers la formation

« Pourquoi veux-tu faire cette formation ? »

« Quel est ton objectif, que cherches-tu à réaliser au travers de cette formation ? »

Plusieurs types d'objectifs peuvent en effet être satisfaits :
– objectif de développement personnel par tous ceux qui désirent mieux se connaître, donner plus de sens à leur vie ;
– objectif d'apprentissage d'un outil pour plus d'aisance dans leur fonction de manager, de RH, de formateur, de consultant…
– cela va également permettre à des personnes, tout en restant dans leur cœur de métier, d'acquérir une approche comportementale qui va optimiser l'exercice de ce métier. Nous pouvons prendre en exemple, le manager qui saura beaucoup mieux gérer son équipe, rendre ses collaborateurs autonomes…, ou bien dans un tout autre domaine un journaliste pour mieux être à l'écoute de son interlocuteur, mieux le questionner, mieux cerner sa personnalité, dans une approche extrêmement bienveillante ;
– apprendre un métier, mène au coach professionnel. Le coaching est son cœur de métier.

En fonction de l'objectif poursuivi, ce n'est pas le même programme de formation qui va s'imposer à moi. Je vais rechercher des profils de formateurs différents.

2) Poser des questions sur les compétences qu'elle souhaite acquérir

« Quels sont les talents que tu veux développer à travers cette formation. »

« Quelles sont les compétences que tu possèdes déjà ? Quelles sont celles que tu veux développer ? »

« Te faudra t-il d'autres formations pour arriver à ton objectif ? (Par exemple PNL, AT, Systémique, MBTI, etc.).

3) Prendre des informations dans différentes écoles et les comparer.

D'autre part certaines sont plus axées sur l'entreprise, d'autres sur le coaching de vie.

Certains organismes forment au coaching mais ne prétendent pas former des coachs.

« Comment vas-tu t'y prendre pour choisir ton école ? »

« As tu visité les sites de plusieurs écoles ? As-tu pris contact avec eux ?

« As-tu demandé des renseignements auprès de plusieurs anciens élèves ? »

4) S'interroger sur les caractéristiques des formations proposées.

« Quelle est la durée de la formation ? L'étendue de la formation ? »

La durée est un élément déterminant. Nous préconisons une amplitude de neuf à douze mois au minimum. S'approprier le processus de coaching demande en effet de la réflexion, de l'expérimentation, et le temps d'intégrer les apports pédagogiques et humains. Cela demande également un retour et une formalisation de notre propre expérience personnelle et professionnelle afin de mettre à jour nos propres mécanismes de fonctionnement.

Le nombre d'heures de formation pourra aller de quelques jours pour une simple compréhension du coaching jusqu'à deux cents heures de théorie et deux cents heures de pratique en moyenne ainsi qu'une part non négligeable de développement personnel pour un cursus permettant de former des coachs professionnels.

« Y a-t-il une sélection à la sortie ? L'organisme délivre-t-il un certificat de présence ou d'aptitude ? Sur quelle base ? »

5) Se demander qui forme

Les formateurs, dont le rôle est primordial, sont-ils des coachs en activité. Ont-ils une bonne expérience pratique de la matière qu'ils enseignent ou au contraire sont-ils passés directement du statut de « stagiaire en formation » à celui de « formateur », comme nous le constatons parfois.

6) S'interroger sur qui peut suivre la formation.

Le mode de recrutement des futurs coachs est essentiel. La maturité et le parcours de la personne (tant personnel que professionnel) font partie des fondements même du coach professionnel. Ce qui laisse entendre quelques années d'expériences. Y a-t-il une sélection à l'entrée ? De quelle nature ?

Corrigé de l'exercice 12

Faites-lui passer un entretien que vous aurez soigneusement préparé auparavant. Ne vous contentez pas de la première réponse mais approfondissez si nécessaire, c'est-à-dire si la réponse ne vous semble pas convaincante. La plupart des coachs ne font pas payer cette séance de prise de contact.

Consultez plus d'un coach avant de faire votre choix, sauf si vous le connaissez déjà bien ou s'il vous est recommandé par quelqu'un de confiance.

Vérifiez son expérience professionnelle. Demandez-lui son curriculum vitae et faites le parler de son parcours professionnel en insistant sur les expériences en lien avec l'accompagnement que vous voulez lui confier. Demandez-lui de vous parler de son expérience de coaching. Combien d'heures pratique-t-il par an ? Pour quels types d'objectifs et de clients ? Demandez-lui de vous parler de coachings difficiles, dont il n'est pas satisfait.

Vérifiez les formations qu'il a suivies et leur qualité (coaching, psychologies des personnes et des organisations… Sont-elles pertinentes pour votre objectif ? Vous trouverez beaucoup d'informations sur le site des organismes de formation.)

Demandez-lui comment il s'y prendrait pour telle ou telle situation de coaching. Quels « outils » il utiliserait.

Vérifiez son appartenance à une fédération/association professionnelle, puis consultez le site de la dite fédération/association. Figure t-il sur l'annuaire ?

Vous parle-t-il spontanément de sa déontologie. Sinon questionnez-le pour vérifier qu'il adhère à un code de déontologie et le connaît.

Vérifiez qu'il est certifié par un organisme de certification officiel et indépendant ou en cours de l'être.

Demandez-lui s'il est coaché dans ses pratiques par un ou des confrères répondant également à ces critères de professionnalisme. Demandez comment cela se passe, à quelle fréquence il y a recours, le nom de son coach, son appartenance à une fédération, et vérifiez-la.

Exigez une copie du contrat et du code de déontologie. Lisez-les. Est-ce que vous êtes à l'aise avec leur contenu ? Quelles sont les modalités de rupture du contrat ? Est-ce que les contrats prévoient que les clients peuvent mettre fin à un coaching à tout moment ? Dans quelles conditions ?

Demandez le nom d'autres clients et appelez-les de sa part. Demandez-leur comment la relation s'est passée et quels en ont été les résultats.

Consultez le site Internet de la Miviludes pour vous familiariser avec les problèmes de dérives sectaires.

Toutes autres questions que vous jugerez utiles. Il n'y en pas de stupides.

Mais surtout il faut que vous vous sentiez à l'aise avec cette personne. N'oubliez pas que vous allez sans doute lui parler de choses très personnelles.

Après avoir arrêté votre choix et avant de commencer les séances de coaching demandez que le contrat soit signé et qu'il spécifie l'objectif du coaching, les critères de mesure de réussite et le nombre de séances prévues.

Une fois que vous aurez choisi votre coach, faites un point complet à intervalle régulier par rapport à l'objectif fixé (toutes les 4 à 6 séances environ). En entreprise ce point pourra être fait avec le département des ressources humaines, sans trahir la confidentialité des séances.

Troisième partie

POUR ALLER PLUS LOIN

Programme d'un stage de formation en 2 jours

Objectifs de ce stage de formation

– Comprendre le métier du coach, sa mission, sa responsabilité, son engagement.
– Connaître son rôle dans la relation client et contractuelle, son processus d'intervention et ses outils.
– Être en capacité de répondre à la question :

- je veux me former au coaching, à quel public est-ce que j'appartiens ?
- je cherche un coach, à quelles questions dois-je répondre ?

Première journée

Matin

9h00–9h30 Accueil, tour de table de présentation des stagiaires et de l'intervenant.

Attentes des stagiaires.

Programme des deux jours, les objectifs du stage et les règles de vie du groupe.

9h30–10h30 Question d'introduction : qu'est-ce qu'un coach ? Être coach, est-ce un métier ?

Utiliser un protocole en 3 phases : réflexion individuelle (5 mn), puis réflexion par deux ou trois (10 mn) afin d'enrichir la réflexion, puis échange en grand groupe.

Noter les réponses des stagiaires sur paper-board.

	Résultats attendus : fil rouge et références à revisiter à la fin des deux jours.
10h30–10h45	Pause.
10h45–12h30	La mission du coach, ses responsabilités, sa déontologie…
	Apports participatifs de l'intervenant.

▸ *Après-midi*

14h00–16h00	La relation contractuelle : comment la formaliser et sur quoi s'appuie-t-elle ?
	Exercice : en utilisant les connaissances acquises le matin, comment, d'après vous, formalise-t-on la relation avec le client ?
	Exercice : faire les exercices 7 et 8.
	Résultats attendus : mesurer le cadre du métier, ses enjeux et le professionnalisme qui doit en découler.
16h00–16h15	Pause.
16h15–18h00	Vue d'ensemble du processus d'intervention du coach en 7 phases (première partie).
	Apport de l'intervenant sur le déroulé des 7 phases.
	Mesurer la compréhension de chacun par un questionnement sur chacune des phases.
	Réajustement de l'intervenant si nécessaire.

Deuxième journée

▸ *Matin*

9h00–11h00	Vue d'ensemble du processus d'intervention du coach en 7 phases (deuxième partie et fin).
	Apport de l'intervenant sur le déroulé des 7 phases.
	Mesurer la compréhension de chacun par un questionnement sur chacune des phases.
	Réajustement de l'intervenant si nécessaire.
	Exercice : faire les exercices 1 et 2.
11h00–11h15	Pause.

11h15–12h30 Quels outils pour le coach ?

Faire un sondage des connaissances des stagiaires sur les outils du coach.

Compléter si nécessaire.

Utiliser un protocole en 3 phases : réflexion individuelle (5 mn), puis réflexion par deux ou trois (10 mn) afin d'enrichir la réflexion, puis partage en grand groupe.

Noter les réponses des stagiaires sur paper-board.

Exercice : faire les exercices 3, 4, 5 et 6.

Résultats attendus : une compréhension du déroulé du travail du coach et une juste mesure des besoins en outils.

Après-midi

14h00–17h30 Question : je veux me former au coaching, à quel public est-ce que j'appartiens ?

Question : Je cherche un coach, à quelles questions dois-je répondre ? Comment faire mon choix ?

En utilisant les différents éléments vus au cours du stage et en faisant l'exercice ci-dessous, je peux répondre à ces deux questions.

Exercice : faire les exercices 9 et 12.

Réflexion individuelle puis par deux ou trois et en grand groupe.

Exercice : faire les exercices 10 et 11.

Résultats attendus : que chacun sache se situer et prendre l'option qui correspond à ses attentes.

17h30–18h00 Évaluation du stage.

Revisite du fil rouge initial : les objectifs personnels ont-ils été atteints ?

Engagement sur des actions individuelles dans le sens des réponses données au questionnement de départ.

Tour de table en répondant à 3 questions :

– Qu'ai-je envie de retenir ?

– Quelle action de progrès ?

– Deux mots pour qualifier cette formation ?

Bibliographie

ALBERT E. ET ÉMERY J.- L., *Le manager est un psy*, Éditions d'Organisation, 1998.

BLAKE R. ET MOUTON J., *Les Deux Dimensions du management*, Éditions d'Organisation, 1980.

BRUCKNER P., *L'Euphorie perpétuelle, essai sur le devoir de bonheur*, Grasset, 2000.

CABY FR., *Le Coaching*, Éditions De Vecchi, 2002.

CARESTIA-LANCIAUX C., *Stratégies de la récompense*, ESF éditeur, 1992.

CIKSZENTMIHALYI M., *Vivre, la psychologie du bonheur*, Pocket, 2006.

COELHO P., *L'Alchimiste*, Livre de Poche, 2001.

CRANE T. ET PATRICK L., *The Heart of coaching : Using Transformational Coaching to Create a High-Performance Culture*, FTAPress, 2007.

CROZIER M. ET FRIEDBERG E., *L'Acteur et le Système*, Le Seuil, 1977.

CROZIER M., *L'Entreprise à l'écoute*, Le Seuil, Points essai, 1994.

DEJOURS C., *Souffrance en France*, Le Seuil, Points, 2001.

DELIVRÉ F., *Le Métier de coach*, Éditions d'Organisation, 2004.

DEVILLARD O., *Coacher*, Efficacité personnelle et Performance collective, Dunod, 2005.

FONDATION DRUCKER, « L'étoffe des leaders » in *Le Leader de demain*, Le Village Mondial, 1997.

GOLEMAN D., *L'Intelligence émotionnelle 1 et 2*, J'ai lu, 2003.

GRINDER J. ET BANDLER R., *The Structure of Magic*, Palo Alto, Science and Behavior Books, 1975.

HIRIGOYEN M.-F., *Le Harcèlement moral*, Pocket, 2000.

HUDSON F. M., *The Handbook of Coaching*, Jossey Bass, 1999.

HUDSON F. M., *The Adult Years*, Jossey Bass, 1999.

KOURILSKY-BELLIARD F., *Du désir au plaisir de changer*, Dunod, 1999.

LE GOFF J.-P., *Les Illusions du management*, La Découverte, 2000.

LENHARDT V., *Les Responsables porteurs de sens*, INSEP Consulting, 2002.

LÉVY-LEBOYER C., *La Motivation dans l'entreprise*, Éditions d'Organisation, 2006.

MASLOW A. H., *Vers une psychologie de l'être*, Fayard, 2006.

PETERSSON D., *Guide pratique du coaching interne*, Gualino Éditeur, 2005.

TISSIER D., *Management situationnel voies de l'autonomie et de la délégation*, INSEP consulting, 2001.

VINCENT C.-P., *Des systèmes et des Hommes*, Éditions d'Organisation, 1990.

WATZLAWICK P., *Le Langage du changement*, Le Seuil, Points essai, 1986.

WATZLAWICK P., *La Réalité de la réalité*, Le Seuil, Points essai, 1984.

WATZLAWICK P., *Une logique de la communication*, Le Seuil, Points essai, 2001.

WHITMORE J., *Le guide du Coaching : entraînement individuel, dynamique des équipes, amélioration des performances*, Éditions Maxima, 2005.

WEBgraphie

www.centre-inffo.fr
www.coachingethique.com
www.enneagramme.com
www.ffcpro.org
www.igb-mri.com
www.ngcoaching.com
www.pre-sales.ch
www.processcom.com
www.syntec.evolution-professionnelle.com

Le marché du coaching

Si l'information ne manque pas sur le coaching, les données quantitatives et qualitatives sur le marché du coaching se font beaucoup plus rares. De plus, il est difficile de valider, dans le peu de données recensées, la fiabilité de l'information, car il est rare d'avoir accès à la source ou à la méthode de collecte. Le monde universitaire commence à s'intéresser à ce marché mais il y a peu de publications sur le sujet. Seules les organisations professionnelles tentent de définir le périmètre du marché dans les pays francophones avec quelques études depuis l'an 2000.

Cette précision faite, il s'agit de présenter ici une vision du marché tel qu'il est perçu aujourd'hui par des professionnels, et non tel qu'il est réellement, faute de données suffisamment précises et vérifiables.

1. Quelques points de repère chiffrés

Il est difficile de prendre en photo quelque chose qui bouge vite. D'autant plus vite que le nombre d'organismes de formation (privée ou publique) qui forment et certifient ou diplôment des coachs est en constante augmentation. Plusieurs centaines de personnes sont maintenant formées au coaching chaque année dans les pays francophones.

« Coaching » comme outil et « coach » comme métier

Toutes les personnes certifiées ou diplômées ne deviennent pas coach professionnel et encore moins en font leur activité principale.

Aussi convient-il de différencier :
– les personnes formées des personnes qui pratiquent le coaching ;
– les professionnels, qui exercent ponctuellement une activité de coaching, des coachs, qui exercent le métier de manière régulière.
Ce qui revient à distinguer :

– les personnes qui utilisent le coaching comme un outil accélérateur d'efficacité de leur activité propre (psy, manager, formateur, consultant...) ;
– des professionnels qui proposent des prestations de coaching dans une offre de service plus globale ;
– des coachs professionnels qui ont fait le choix d'exercer le métier de coach comme activité principale.
Nous nous attacherons ici à dénombrer ces 2 dernières catégories.

◗ *En France*

En 2006, le nombre de professionnels qui exercent une activité de coaching était estimé à 3 500 dont 10 à 20 % seulement déclarent en faire leur activité principale.

◗ *Les coachs membres d'organisations professionnelles*

Le nombre de membres des organisations professionnelles reconnues nous donne une autre vision du nombre de coachs professionnels. Les pays francophones réuniraient à fin 2006 entre 1 000 et 1 500 coachs membres d'une organisation professionnelle, sachant que certains coachs sont membres de plusieurs associations et que d'autres, très compétents pour autant, ne sont membres d'aucune.

1.1 Le marché

Le marché du coaching est un marché jeune. La philosophie, l'approche et le métier du coaching correspondent aux besoins et aux nouvelles aspirations des hommes et des femmes dans leur vie personnelle et professionnelle, comme aux besoins des organisations. L'engouement induit un effet de mode qui pousse certaines personnes à se former au coaching et à s'annoncer coach sans avoir la volonté d'exercer.

Par ailleurs, la culture française offre encore de bonnes résistances aux approches humaines de développement et les coachs qui veulent exercer ne trouvent pas toujours de clients pour une démarche de coaching, ceux-ci préférant choisir des actions plus classiques en conseil, formation... même si elles peuvent être moins adaptées et efficaces pour leur projet.

Aussi, pour bien saisir comment peut être composée l'offre de coaching, nous pouvons la représenter en 4 familles :
– les coachs opportunistes : « je suis coach parce que c'est la mode » ;
– les coachs à temps partiel : « je suis coach en complément d'une autre activité principale » ;

– les coachs en devenir : « je suis coach, je souhaite faire du coaching mon activité principale mais je n'ai pas assez de missions pour X raisons. J'ai donc d'autres activités pour vivre » ;

– les coachs installés : « je suis coach et c'est mon activité principale ».

Nous le verrons également plus loin, le marché du coaching est divisé en deux :

– le coaching ;

– la formation au coaching.

Et aujourd'hui, le nombre de clients intéressés par une démarche de coaching est loin de suivre la croissance exponentielle des personnes qui se forment au coaching.

La présence du coaching dans les médias est-elle représentative du développement du marché ? La réalité montrerait que le coaching fait plus les choux gras des médias que des coachs !

Un marché qui explose ?

Pierre Blanc-Sahnoun[1] nous éclaire : « Nous entendons partout que le marché du coaching explose ! Or le constat est que c'est un petit marché, que son modèle n'est pas celui de l'outplacement par exemple, ce n'est pas un "repeat business" où une mission en entraînerait une autre.

Quant à faire fortune dans ce métier, c'est une utopie ; même en travaillant 10 heures par jour, ce qui ne serait pas raisonnable dans ce métier, le CA du coach reste limité à ses heures facturées, modèle linéaire dont la pente est son taux horaire.

Alors où pourrait-on éventuellement faire fortune ? Dans la formation des coachs ! »

Nous serions donc sur un marché à 2 vitesses : celle du coaching au fonctionnement linéaire et celle de la formation au coaching au fonctionnement exponentiel.

1.2 Les différentes cibles du coaching

D'un point de vue plus général, le coaching s'adresse à toute personne qui souhaite **dynamiser tout projet** professionnel et/ou personnel **en se donnant les moyens d'atteindre ses objectifs**. Il s'adresse à

1. Société française de coaching, *Quand je serai grand, je veux faire coach !* Soirée animée par Pierre Blanc-Sahnoun, septembre 2004.

toute personne qui désire s'épanouir en parfaite autonomie. Le coaching n'est donc pas élitiste, réservé au monde de l'entreprise.

Une analyse des offres de coaching référencées dans les pages jaunes nous donne un regard plus global sur les bénéficiaires du coaching.

Nous pouvons élaborer 3 familles de clients des coachs : **le coaching en milieu privé, le coaching en milieu professionnel et le coaching en milieu spécialisé**.

- **Le coaching en milieu privé**. Dans cette famille, nous recensons les clients suivants : particuliers, enfants, adolescents, étudiants, seniors, couples, femmes...

- **Le coaching en milieu professionnel**. Dans cette famille (entreprise, organisations publiques et privées), nous recensons les clients suivants : dirigeants (*executive*), cadres, managers, entrepreneurs, créateurs d'entreprises, équipe ; comité de direction, équipe commerciale, équipe...

- **Le coaching en milieu spécialisé**. Dans cette famille, nous recensons, notamment, les clients suivants : artistes (comédiens, acteurs, chanteurs, danseurs), sportifs (toutes disciplines et équipes sportives), chercheurs, expatriés et personnes à titre individuel...

Le coaching est une démarche ayant pour but d'accompagner une personne ou une équipe dans la réalisation de **ses objectifs**.

Le champ des objectifs en milieu privé est bien entendu beaucoup plus large que celui du milieu professionnel, qui ne s'adresse qu'à des adultes dans un cadre de performance globale de l'organisation.

Le coaching en milieu privé s'adresse aussi bien à l'adulte qu'à l'enfant, qu'à l'adolescent et aux seniors.

De manière générale, **le coach vient accompagner la personne dans un moment de son parcours de vie où elle ressent le besoin d'avoir un allié**, généralement pour réaliser un objectif, préparer ou passer un changement, améliorer sa performance, améliorer ses conditions de vie...

2. Les différentes modalités d'intervention

La première séance permet une découverte mutuelle et de fixer l'objectif général. Généralement, les séances d'ouverture (1h/1h30) sont gratuites.

◗ *Le contrat*

Sur ce point, tout le monde est d'accord, pas de coaching sans contrat écrit, dual (client/coach) ou tripartite (client/entreprise/coach). Contrat qui reprend les modalités : objectif(s), durée, nombre de séances, tarif, lieu...

◗ *Nombre de séances*

Le nombre de séances dépend précisément des facteurs client/objectif/coach mais nous pouvons distinguer 2 grandes différences de durée en fonction des modalités d'actions nécessaires à la réalisation de l'objectif :

– de 1 à 6 séances pour un objectif qui nécessite une simple mise en action et/ou une dynamisation ;

– de 6 à 15 séances pour un objectif qui nécessite de gérer un changement et/ou de développer un savoir-être du client.

◗ *Temps d'une séance*

Le temps d'une séance en face à face varie de **1h à 3h**. Comme pour le nombre de séances, la moyenne va se situer vers 1h30 pour un coaching simple et vers 2h30 pour un coaching de changement.

30 minutes à 1h sont habituellement le temps consacré pour le coaching par téléphone, audioconférence ou visioconférence.

Pour le coaching d'équipe, l'intervention se fait sur la journée ou la demi-journée pour le suivi.

◗ *Fréquence*

Chaque séance est espacée d'au moins une semaine. La moyenne se situe entre **2 à 3 séances par mois**.

◗ *Durée*

La moyenne se situerait entre **3 et 6 mois**.

Pour un objectif, le coaching se déroule généralement sur moins de 8 mois. Au-delà ? Le coach risque de faire partie intégrante du problème ! Et il est bon de s'interroger sur la relation d'interdépendance.

◗ *Lieu*

Principalement à l'extérieur de l'entreprise.

3. Les formations au coaching

Nous l'avons vu plus haut, la formation au coaching est souvent associée au marché du coaching et semble être aujourd'hui la partie la plus lucrative.

En janvier 2007, lorsque l'on tape « formation coaching » sur Google, on obtient 1 710 000 pages. Parmi celles-ci, il y en a de sérieuses, et d'autres non. Il y en a qui forment des coachs et d'autres qui forment au coaching. De plus, nombre d'organismes de formation opportunistes plus ou moins spécialisés en ressources humaines, management ou encore communication ont changé l'intitulé de leurs modules pour vendre du pseudo-coaching.

Avant de choisir une formation, il est important de se demander **si on veut acquérir un outil, ou se former au métier de coach**.

4. Les organisations professionnelles

Si le métier de coach n'est pas réglementé, il est professionnalisé. Les organisations professionnelles s'y attellent depuis le milieu des années 1990.

Elles ont défini le métier, ses règles professionnelles et son éthique qu'elles éditent sous forme de chartes professionnelles et que chaque coach professionnel doit respecter.

Il existe des organisations professionnelles internationales, francophones, par pays francophone.

Il est important de ne pas confondre les organisations professionnelles qui ont pour objet la professionnalisation du métier et la protection de la qualité et de l'intégrité des clients, des nombreux regroupements de professionnels ou portails Internet qui ont pour but de se vendre, vendre leurs prestations de coaching et/ou de formation.

Les adresses utiles

Organisation professionnelle de coaching
Internationales
IAC - International Association of Coaching www.certifiedcoach.org Création en mars 2003, l'IAC est devenu en 3 ans une des plus importantes associations de coachs.
ICF – International Coach Federation www.coachfederation.org L'International Coach Federation (ICF), née en 1995 au États-Unis, première association internationale de coachs professionnels. Elle déploie des antennes par pays. Ex : ICF France, ICF Belgique, ICF Suisse…
Francophonie
FFCPro – Fédération francophone des coachs professionnels www.ffcpro.org Création en 1999.
France
SFCoach – Société française de coaching www.sfcoach.org Création en 1997 par des professionnels, venant d'horizons différents.
ICF France www.icffrance.org Émanation de ICF créé en 2001.
Canada - Québec
FMC – Fédération montréalaise des coachs www.montrealcoach.com Émanation de ICF.
Belgique
ICF Belgique www.coachfederation.be Émanation de ICF.
Suisse
ICF Suisse www.coachfederation.ch Émanation de ICF.
SRC – Société romande de coaching www.srcoach.ch Création en 1999

Associations professionnelles de coaching	
IAC - International Association of Coaches www.certifiedcoach.org	Europe, Canada, Québec, USA
ICF - International Coach Federation www.coachfederation.org	Europe, Canada, Québec, USA
FFCPro - Fédération francophone des coachs professionnels www.FFCPro.org	Francophonie
SFCoach - Société française de coaching www.sfcoach.org	France
ICF France www.icffrance.org	France
FMC - Fédération montréalaise des coachs www.montrealcoach.com	Québec
ICF Belgique www.coachfederation.be	Belgique
ICF Suisse www.coachfederation.ch	Suisse
SRC - Société romande de coaching www.srcoach.ch	Suisse
AEC - Association européenne de coaching www.aecoaching.org	Europe

ACHEVÉ D'IMPRIMER EN AVRIL 2007 SUR LES PRESSES DE CORLET, IMPRIMEUR, S.A.
14110 CONDÉ-SUR-NOIREAU - NUMÉRO D'IMPRIMEUR : 98549
Dépôt légal : AVRIL 2007

Imprimé en France